9 juillet 1822

CATALOGUE

D'UN CHOIX PRÉCIEUX

D'ESTAMPES

DE CÉLÈBRES GRAVEURS

ANCIENS ET MODERNES:

Elles sont avant la lettre ou avec les remarques qui distinguent les premières Epreuves;

RECUEILS, LIVRES SUR LES ARTS,

PLANCHES GRAVÉES ET DESSINS;

Après le décès de M. le Ch.er BERVIC, Graveur,

MEMBRE DE L'ANCIENNE ACADÉMIE ROYALE DE PEINTURE ET SCULPTURE, DE L'INSTITUT DE FRANCE, DE LA LÉGION D'HONNEUR, ETC.

PRÉCÉDÉ D'UNE NOTICE HISTORIQUE SUR FEU M. BERVIC:

PAR F.-L. REGNAULT-DELALANDE.

Cette Vente se fera le Mardi 9 Juillet et jours suivans, onze heures du matin,

EN SA MAISON, RUE DE GRENELLE-SAINT-HONORÉ, N.o 47.

On verra les principaux Articles de ce Cabinet, et les Epreuves de l'état des Planches, dans la Maison susdite, le Dimanche 7 et le Lundi 8, de midi à trois heures.

Le présent Catalogue se trouve à PARIS,

CHEZ MM. { DELAPLACE-GÉRARDIN, Commissaire-Priseur, rue du Petit-Lion-Saint-Sauveur, n.o 13.
REGNAULT-DELALANDE, Peintre et Graveur, cul-de-sac des Feuillantines-St.-Jacques, n.o 12.

DE L'IMPRIMERIE DE LEBLANC.

1822.

NOTICE

SUR

JEAN-GUILLAUME BALVAY,

OU

CHARLES-CLÉMENT BERVIC.

Depuis que la plupart des Graveurs ont mis en usage la Gravure à l'eau-forte, mêlée avec le burin, et qu'ils ont reconnu que cette pratique était plus expéditive, et qu'elle était même plus propre à imiter toutes les parties d'un tableau, la Gravure au burin, la seule en usage autrefois, n'a plus trouvé le même nombre de sectateurs. Les soins extrêmes, la longueur du travail, la patience qu'elle demande, ont dégoûté la plus grande partie des Artistes; mais pas si universellement cependant, qu'il ne s'en soit trouvé quelques-uns qui aient tenu bon; et ce petit nombre s'est heureusement rencontré si excellent, que l'on peut dire, avec vérité, que jamais la Gravure au burin n'a été traitée en France avec plus de perfection, que depuis cette époque. Charles-Clément Bervic sera sans doute placé au rang des Maîtres, dont les travaux ont concouru à l'illustration de ce genre. Né à Paris, le 23 mai 1756, on s'aperçut, dès sa plus tendre enfance, de l'inclination qui le portoit à dessiner : cette inclination naturelle, qui annonce presque toujours les grands talens, se déclara à la vue de faibles images que le hasard avait fait tomber sous ses mains. Le jeune Bervic les copia avec ardeur : cette première impression prit bientôt un nouvel essor. La vue de quelques tableaux, et les leçons de dessin qu'il reçut de J.-Bap. Le Prince [1], ayant jeté dans son âme les semences du beau, son goût inné fut en quelque sorte fixé. La Peinture se présentant alors à son imagination, ornée de tous ses charmes, ses affections le portèrent à l'étudier. Pressentant déjà les succès qu'il devait obtenir, il conçut l'espoir de tenir bientôt un rang distingué dans la carrière des arts.

La perspective brillante que le jeune homme s'était formée, fut en partie détruite par ses parens, moins enthousiastes que lui, et craignant qu'il ne pût arriver qu'à un rang inférieur dans la Peinture, art qui présente tant de difficultés à vaincre. Ils résolurent, conseillés par quelques amis, de lui faire apprendre la Gravure; cette décision irrévocable, bien qu'elle contrariât les goûts du jeune Bervic, fut de suite mise à exécution. Placé incontinent chez J.-Geor. Wille, l'un des plus habiles Graveurs de cette époque [2]; il entra chez ce maître en 1769 : son temps y fut partagé entre l'étude du dessin (pour laquelle il obtint, au bout de quelques années, le 24 septembre 1774, la première médaille à l'Académie Royale) et l'étude de la Gravure. Là, entièrement livré au travail, il acquit, par son aptitude et sa grande assiduité, les talens auxquels il a dû son illustration.

---

[1] Jean-Baptiste Le Prince, Peintre, Membre de l'Académie Royale de Peinture et de Sculpture, né à Metz, en 1733, termina sa carrière à Saint-Denis-du-Port, près Lagny-en-Brie, le 30 septembre 1781.

[2] Jean-George Wille, Graveur au burin, Membre de l'Académie Royale de Peinture et de Sculpture, né près de Kœnisberg, entre Giessen et Vezlar, en 1715, mort à Paris, le 4 avril 1807. M.r Wille, alors doyen des Graveurs de l'Europe, était âgé de 92 ans.

Les excellentes études de M.r Bervic le mirent bientôt en état de publier plusieurs Planches: la première, d'après un dessin de M.r Wille fils, parut en 1774, sous le titre du Petit Turc : l'auteur alors était âgé de dix-huit ans[1]; la deuxième, en 1779, le Portrait de Linné, d'après M.r Roslin. Occupé à terminer ceux du Prince Massalski, Évêque de Wilna, d'après Kymli, et du Comte de Vergennes, d'après son propre Dessin, Planches qui parurent en 1780, il fut chargé par M.r le Comte de Pugol, d'exécuter, pour la ville de Valenciennes, le Portrait de M.r Senac de Meilhan, Intendant du Hainaut, d'après M.r Duplessis[2]; dans ce Portrait, les chairs et les cheveux, les étoffes, l'ébénisterie, les bronzes et les marbres, sont rendus par des travaux qui en conservent bien le caractère. Cette Planche parut en 1783 : elle annonçait un homme déjà très-exercé dans la pratique de son art, et rappelait, d'une manière perfectionnée, la marche que M.r Bervic avoit suivie dans celles de Linné et du Comte de Vergennes.

En septembre 1782, M.r Bervic fit un voyage au Hâvre

---

[1] Au nombre des études qu'il avait faites dans l'école de Wille, on trouve le Portrait de Michel le Tellier, copié en 1773, d'après l'Estampe de Nanteuil : Estampe datée 17.e Aug. 1658.

[2] Dans la lettre écrite de Valenciennes, en date du 15 août 1779, à M.r Bervic, par M.r le Comte Pugol, Commissaire provincial et principal des guerres, auquel le Corps municipal marquait la plus grande confiance, le Comte s'exprime ainsi : « le Portrait de » Linneus, et d'autres ouvrages de cette beauté, qui vous font » honneur et établissent votre réputation, Monsieur, m'a engagé » à employer votre burin pour transmettre à la postérité l'effigie » de l'homme d'état chéri de tous mes concitoyens, qui, en ceci, » n'ont d'autre but que de lui donner une marque publique de » reconnaissance et d'attachement ».

avec MM.[rs] Saint-Aubin l'aîné, Dessinateur sur les étoffes, N. Delaunay, Basan, Gaucher, Godefroy et Ponce, Graveurs, et le plus jeune des fils de Basan [1]. Pendant le court séjour qu'ils firent à Rouen, au retour du voyage du Hâvre [2], ayant été rendre visite à Mr J.-B. Descamps, Peintre, Auteur de la Vie des Peintres Flamands, Allemans et Hollandais, et Membre de l'Académie Royale de cette ville, cet Artiste, MM.[rs] Delaunay, Gaucher, Godefroy et Ponce, ses confrères à cette Académie, engagèrent Mr Bervic à s'y présenter. Flatté d'une aussi agréable proposition, notre Artiste s'empressa de faire sa demande à l'Académie, en lui témoignant le vif désir de lui appartenir. Voulant augmenter le nombre des hommes de mérite dont elle était composée, l'Académie admit Mr Bervic au nombre de ses Membres, le 3 décembre 1783, et chargea son Secrétaire perpétuel, Mr Haillet de Couronne, de lui notifier sa nomination. Cette nomination fut annoncée à Mr Bervic, le 30 du même mois.

La même année parut l'Estampe intitulée *le Repos*, et peu après celle dite *la Demande acceptée :* ces deux Morceaux d'après Mr Lépicié, le ton monotone qu'on a avec raison reproché à l'Estampe du *Repos*, doit être plutôt attribué au Peintre qu'au Graveur; le seul tort de Mr Bervic, ce qu'on reproche rarement aux Graveurs,

---

[1] De ces huit personnes, Mr Ponce est actuellement le seul existant.

[2] Ce voyage a *été écrit* en vers et en prose, par C.-E. Gaucher, sous le titre de *Voyage au Hâvre-de-Grâce*. Les noms des Voyageurs y sont anagrammatiquement indiqués; on le trouve réunis dans un Recueil in-18, avec ceux de Chapelle et Bachaumont, Regnard, et autres.

est d'avoir ici trop exactement rendu son modèle : le ton brillant et vigoureux, la pureté des formes et l'expression qu'on trouve dans *la Demande acceptée*, donnent du Tableau de Lépicié une idée avantageuse, que la vue de ce Tableau ferait peut-être évanouir. La Pl. de *la Demande acceptée* avait été commencée en 1778 : l'Auteur était alors âgé de 21 ans.

Le prix le plus flatteur réservé aux talens fut bientôt décerné à M.r Bervic. L'Académie royale l'agréa le 29 mai 1784, et lui donna à graver, pour morceau de réception, le Portrait de M.r le Comte d'Angiviller [1]. M.r Bervic ayant, à peu de temps de là, commencé le Portrait du Roi, celui du Comte fut ajourné, et n'a pas été exécuté.

Le *Portrait de Louis Seize*, d'après M.r Callet, l'un des plus considérables ouvrages en gravure qu'ait produit M.r Bervic, parut en 1790 : quoiqu'aucune partie de cette Estampe ne soit poussée à une trop grande vigueur, le ton qui y règne satisfait l'œil; la marche des travaux, auxquels on ne peut reprocher aucune exagération, concourt à l'harmonie admirable qui la distingue; dans les chairs, le maître a eu l'art d'exprimer, avec du noir et du blanc, les tons que la peinture produit avec les couleurs; on trouve de la vérité dans l'imitation de l'hermine et des dentelles; la manière originale dont les plumes sont traitées peut être regardée comme un modèle à suivre. Cette Planche, d'un burin et d'une couleur douce et brillante, où les objets sont

---

[1] M.r le Comte de la Billarderie d'Angiviller était alors Directeur et Ordonnateur général des Bâtimens de Sa Majesté, Jardins, Arts, Académies et Manufactures royales.

rendus par des travaux qui en indiquent les différentes natures, bien qu'en général touchée avec légèreté, est cependant exécutée avec tout l'effet que comporte un aussi grand morceau.

En 1791 parut le *Saint Jean au Désert*, d'après le Tableau de Raphaël : on regrette, en admirant la belle marche des travaux de cette Planche, qu'ils n'aient pas été employés dans un ouvrage d'une plus grande proportion; quant à la couleur, le Dessin de M.r Wicar aura sans doute porté M.r Bervic à lui donner le ton très-vigoureux qu'on y trouve.

On se rappèle encore l'empressement du public, lorsque M.r Bervic fit paraître l'Estampe représentant *l'Education d'Achille :* partagé entre le mérite de la composition [1] et celui de la gravure, il saisit cette occasion de rendre de nouveaux hommages aux Maitres habiles dont les talens semblaient s'être réunis pour produire un si bel ouvrage; si d'un côté il retrouvait la beauté vraiment héroïque de la figure d'Achille, peinte par M. Regnault, de l'autre il ne pouvait se lasser d'admirer l'art avec lequel le Graveur avait rendu la pureté des formes et la brillante couleur du Tableau [2].

---

[1] Ce Tableau, sur lequel M.r Jean-Baptiste Regnault fut reçu à l'Académie Royale, en 1783, fait actuellement partie de ceux qui décorent la Galerie du Palais *de la Chambre* des Pairs.

[2] Dans la séance du 20 avril 1792, des Commissaires juges élus pour la répartition des travaux d'encouragement, en vertu du décret de l'Assemblée nationale du 5 décembre 1791, les Membres présens ayant été appelés, et M.r Bervic ayant réuni le plus de suffrages, l'ouvrage d'encouragement pour la *Gravure* en taille-douce, auquel on attribue la somme de *trois mille livres*, lui a été décerné.

Notre Artiste commença alors, pour la Société des Amis des Arts, l'intéressante Composition de M.r Merimée; *l'Innocence nourrissant un Serpent.* Cette Estampe rend bien la couleur vive et piquante du Tableau. Chargé par M.r Bervic de faire l'Eau-Forte du Paysage et des terrains, Vict. Pillement s'en acquitta avec le mérite qui distingue ses excellentes productions; cependant on lui reprocha dans cette partie, très-pittoresquement traitée, d'être tombé dans l'exagération assez habituelle aux imitateurs de Woollett, en y employant des travaux trop larges et trop fortement nourris, dont le contraste pouvait nuire à la figure. En homme habile, M.r Bervic sut, dans le fini, modérer cette exagération, et la rendre utile à l'effet général de son sujet.

L'Enlèvement de Déjanire, d'après Le Guide [1]. Cette Composition a été traitée d'une si grande manière par M.r Bervic, que nous n'en connaissons pas où la correction, la touche légère et la couleur lumineuse de ce grand Peintre, aient été aussi bien rendues: avec quelle supériorité les traits majestueux et l'air de grandeur de la fille d'OEnée et le caractère passionné de Nessus y sont conservés. On ne sait, en considérant ce morceau, ce qu'on doit le plus admirer, de la vérité des expressions ou du gracieux travail qui a produit une si belle Estampe: examiné dans ses détails, le savant modelé des têtes et des autres parties des figures, la pureté des formes des extrémités, la couleur douce des chairs et leur bel

---

[1] Ce Tableau avait été peint pour le Duc de Mantoue; le Duc le céda à Charles I.er. Après la mort de ce Prince, il passa dans les mains de M.r de Jabach, qui le vendit au Roi, pour son Cabinet: on le voit actuellement au Musée Royal.

empâtement, qui ici, rivalise, en quelque sorte, avec la peinture; le travail, qui conserve bien aux étoffes leurs différens tons et tout leur éclat, s'attirent de nouveaux hommages; quelques touches hardies, placées avec sentiment, viennent ajouter à l'effet piquant que produit cet ouvrage [1].

En 1806, M.r Klauber, inspecteur du Cabinet de S. M. l'Empereur de Russie à l'Ermitage, ayant obtenu du Grand-Maréchal de la Cour que les Estampes des plus célèbres Graveurs d'alors y seraient placées, la haute estime que les grands Seigneurs, les Artistes et les curieux Russes portaient, à juste titre, à celles de M.r Bervic, devait leur assurer un rang distingué dans cette Collection. M.r Klauber, désirant ardemment les y voir toutes réunies, s'empressa de faire part à M. Bervic de la décision du Grand-Maréchal, et de lui rappeler combien ses ouvrages étaient recherchés en Russie. Un accueil si flatteur détermina notre Artiste à faire hommage de ses ouvrages à l'Empereur: il en fit l'envoi, et y joignit une lettre pour Sa Majesté. Le 1.er mars 1809, Sa Majesté l'Empereur accueillit gracieusement cet OEuvre, qui lui fut présenté par S. Ex. M.gr le Grand-Maréchal de la

---

[1] Dans les rapports faits à l'Institut de France, sur les ouvrages admis au concours pour les prix décennaux, en 1810, à l'article grand prix de 2.e classe, dans le rapport de la Commission de Gravure, les Commissaires s'expriment ainsi: « La Commission, » après avoir rendu la plus authentique justice au talent et au » burin de M.r Bervic, déclare que l'Estampe de Déjanire, d'après » le Tableau du Guide, est, sans contredit, la plus belle qui ait » été offerte au public depuis 10 ans, et elle témoigne le désir » que le prix lui soit décerné. Les suffrages unanimes de la classe » sanctionnent ce vœu ».

Cour, Comte de Tolstoy; Sa Majesté ordonna sur-le-champ à S. Ex. M.r Engel, son secrétaire, de répondre à la lettre de M.r Bervic [1], et choisit elle-même une bague pour lui être envoyée, en témoignage de sa satisfaction. La lettre et la bague furent remises à M. Bervic par S. Ex. M.gr l'Ambassadeur de Russie, près du Gouvernement français.

Dans le nombre des Tableaux dont M.r Bervic nous a transmis la jouissance par ses Estampes, on s'étonne peu que ses grands talens, stimulés par le savoir des Compositions, la pureté des formes et la brillante couleur de plusieurs de ses modèles, lui aient fait produire d'aussi beaux morceaux; mais combien ne s'est-il pas montré supérieur en gravant d'après des Maîtres dont il a tiré les Tableaux de l'oubli : là, devenu en quelque sorte créateur, il n'a dû ses succès qu'à lui-même.

Une gloire nouvelle, dans une partie de l'art cultivée avec moins de succès, était réservée à ce Maître. Imiter en gravure le célèbre groupe où Agésandre Polydore et Athénodore semblaient avoir animé du souffle de la vie Laocoon et ses enfans, était une tâche difficile à remplir. M.r Bervic marcha avec hardiesse à cette nouvelle entreprise; inspiré par le sentiment que les Sculpteurs grecs semblaient avoir donné au marbre, son talent supérieur s'y créa une manière nouvelle; il employa dans cette Planche le genre de gravure propre à exprimer le

[1] Cette lettre, datée de Saint-Pétersbourg, le 1.er mars 1809, est ainsi conçue : « C'est par ordre suprême de Sa Majesté l'Empereur de toutes les Russies, que le soussigné a l'honneur de » transmettre à M.r Bervic le gage de la bienveillance particulière » avec laquelle Sa Majesté Impériale a bien voulu agréer l'œuvre » complet que M.r Bervic lui a envoyé... ».

véritable caractère de l'admirable ouvrage qu'il avait à imiter. Ce genre, la correction et la pureté des contours, la dégradation insensible des ombres aux lumières, la douce transparence des demi-teintes, tout, dans cette Estampe, est porté à un si haut degré de perfection, que ce groupe, l'un des chefs-d'œuvre de la sculpture antique, est regardé comme le chef-d'œuvre de gravure de M.r Bervic.

Les Souverains et les Gouvernemens s'empressèrent de décerner à M.r Bervic les récompenses et les encouragemens dus aux talens. En 1787, il obtint, des bontés de Louis XVI, un logement aux Galeries du Louvre [1]; en 1792, le prix d'encouragement pour la Gravure en taille-douce lui est donné; en 1809, l'Empereur de Russie, par sa munificence, lui témoigne sa satisfaction; en 1810, la Commission, nommée pour la distribution des prix décennaux qui devait avoir lieu, témoigne le désir que celui de Gravure soit décerné à M.r Bervic; en 1813, le Gouvernement le décore de l'Ordre de la Réunion; en 1819, Sa Majesté Louis XVIII le crée Chevalier de l'Ordre royal de la Légion d'honneur [2].

---

[1] Ce logement, devenu vacant par le décès de M.r Lépicié, Peintre, fut accordé à M.r Bervic, le 16 février 1787.

[2] Le considérant de l'ordonnance du Roi, pour la nomination de M.r Bervic, est trop honorable pour que nous n'en rapportions pas ici le texte : « LOUIS, PAR LA GRACE DE DIEU .... La Gravure en taille-douce portée sous le règne de notre illustre aïeul » LOUIS XIV, à un degré de perfection, qu'aucune autre nation » n'a pu atteindre, a pris ensuite une marche rétrograde jusqu'à » l'époque où la supériorité des ouvrages du sieur *Bervic*, en » ranimant le goût et l'étude de la Gravure historique, a favorisé » le développement des talens qui honorent l'époque actuelle; » voulant récompenser dignement les heureux efforts de cet habile » Artiste, sur le rapport de notre Ministre..... ».

La considération, les récompenses, l'estime publique, la tendresse filiale et les douceurs de l'amitié, concouraient au bonheur de M.r Bervic, lorsqu'une névralgie du poumon et du cœur, devenue mortelle au troisième accès, l'enleva, le 23 mars 1822, à ses enfans éplorés, à ses parens et à ses amis, tous affectés des plus vifs regrets; bon époux, bon père, bon parent, ami fidèle, M.r Bervic était franc et loyal: la fierté naturelle de son caractère, tempérée par beaucoup de douceur, n'avait rien de la rudesse qui souvent l'accompagne; d'un accès facile, il avait conservé, dans le tumulte du monde, la simplicité de mœurs qu'on y rencontre rarement.

M.r Bervic avait épousé, le 2 janvier 1788, M.lle Carreaux de Rozemont, peintre de Portraits, élève de M.me Guyard [1]; il la perdit la même année, et, peu après, un fils né de ce mariage. Appelé à de nouveaux liens au sein d'une famille exemple de vertus et de bonté, M.r Bervic s'unit à M.lle Bligny, le 4 juin 1791. La félicité durable dont il espérait jouir fut détruite par la perte de cette épouse, morte le 14 avril 1793, peu d'heures après la naissance d'une fille (aujourd'hui M.me Trémeau) à laquelle elle venait de donner le jour.

M.r Bervic, nommé membre de l'Institut de France, le 28 février 1803, était de la plupart des Académies de l'Europe [2],

---

[1] Adélaïde La Bille, femme Guyard, Peintre de Portraits, née en 1749, reçue à l'Académie Royale de Peinture et de Sculpture, en 1783, morte à Paris, en 1803. M.me Guyard, devenue veuve, avait épousé en seconde noce, M.r Fr.-And. Vincent, Peintre dont elle avait été l'Elève.

[2] Reçu à l'Académie Royale de Rouen, en 1783, à celle Royale de Peinture et de Sculpture de Paris, en 1784, il devint successivement *Membre* des Académies suivantes: en 1785, de Co-

et de presque toutes les Sociétés savantes de la capitale [1].

D'une rare modestie, cet Artiste se plaignait lorsqu'il eut terminé sa Planche de *Laocoon*, de n'avoir pu réaliser qu'en partie les vues nouvelles qu'il avait sur son art. Sans doute, s'il eût terminé la Planche qu'il avait commencée d'après le Tableau du Poussin, représentant Eudamidas de Corinthe dictant ses dernières volontés, les moyens nouveaux, fruits de sa longue expérience, eussent concouru à la belle exécution de cette Estampe, et ajouté un nouveau titre à sa gloire [2].

Nous avons vu M.r Bervic, brillant successeur des hommes célèbres qui ont illustré la carrière de la Gravure, égaler souvent leur mérite, et, rival heureux de ses contemporains, ses émules même accorder le premier rang à plusieurs de ses productions. Considéré sous le rapport de l'enseignement, peu de Maîtres ont apporté plus de zèle à diriger les Élèves dont les dispositions lui faisaient présager des succès; tous ses soins étaient employés à les seconder dans leurs études; les avait-il mis en état de graver d'après des Dessins ou des Tableaux? ne se livrant

---

penhague; en 1804, de Berlin; en 1805, de Bologne; en 1809, d'Amsterdam; en 1811, de Milan et de Turin; en 1812, de Vienne et de Munich; et en 1814, de Saint-Pétersbourg.

[1] M.r Bervic a été admis au nombre des Savans, des hommes de Lettres et des Artistes qui composent les Sociétés suivantes: à celle dite des Enfans d'Apollon, en 1789; libre des Sciences et Arts, en 1799; de l'Athénée des Arts, en 1805; et Philotechnique, en 1806.

[2] M.r Bervic avait aussi commencé un Buste d'après le Dessin de M.r Robert le Fèvre, et le Portrait de *Sa Majesté Louis XVIII*, d'après M.r Augustin. Ces Planches n'ont pas été terminées; nous avons annoncé, sous le n.° 26, page 5 du Catalogue ci-après, une Epreuve de celle du Portrait du Roi.

à l'examen de leurs travaux que lorsqu'ils en avaient établi la marche; alors seulement, il leur en montrait les écarts et les oublis, et, par ses conseils, les éclairait, et les guidait dans l'emploi de tous leurs moyens. M.r Bervic trouvait à cette méthode le double avantage de leur rappeler les fautes dont le cuivre était un témoin irrécusable, et de les laisser marcher avec hardiesse au but où ils étaient appelés. Les difficultés que ce Maître avait éprouvées à vaincre l'influence de sa première éducation en Gravure pour être en harmonie avec la marche développée depuis dans les arts, l'avaient porté à conserver à ses Disciples cette liberté si nécessaire à leur culture; aussi, dans ses leçons, s'attacha-t-il toujours à les éloigner de la servile imitation qui s'oppose aux efforts du génie.

Berseneff, *Corot*, MM.rs *Zach. Caron*, *Chollet*, *Coiny*, *De Meulemeester*, *Esquivel*, *Garnier*, *Henriquel-Dupont*, *Isac*, *Mariage*, *Outkine*, *Prévost*, *Taurel* et *Toschi*, sont au nombre des Élèves de M.r Bervic.

MM.rs *Forsell*, *Ulmer* et d'autres habiles Artistes, ont aussi travaillé chez ce Maître, en qualité d'Élèves.

ABRÉVIATIONS.

Cab. Cabinet.
Comp. Composition.
Epr. Epreuve.
Est. Estampe.
Fig. Figure.
Flor. Florence.
Gal. Galerie.
H. Hauteur.
L. Largeur ou ligne.
M. de M.r H. L. Musée de M.r H. Laurent.
M. R. et L. Musée Robillard et Laurent.
P. Pièce ou pouce.
Pal. Palais.
Pap. Papier.
Pl. Planche.
Roy. Royal.
Tabl. Tableau.
Tit. Titre.
Vol. Volume.

Nota. L'Etoile placée près des Numéros sert à désigner les Morceaux sous verre.

ORDRE DE LA VENTE.

PREMIÈRE VACATION, *Mardi 9 Juillet.*

Estampes en feuilles, N.os 2, 3, 4, 5, 6, 9, 20, 21, 35, 36, 37, 43, 44, 45, 46, 49, 52, 53, 54, 57, 58, 59, 60, 62, 65, 67, 68, 90, 91, 102, 105, 106, 107, 113, 114, 119, 125, 126, 127, 131, 141, 145, 154, 155, 156, 159, 174, 176, 177, 181 et 211 partie.

DEUXIÈME VACATION, *Mercredi* 10.

Estampes en feuilles. N.os 18, 23, 24, 25, 26, 28, 30, 31, 32, 33, 38, 39, 40, 50, 66, 69, 70, 75, 76, 77, 78, 79, 80, 81, 84, 85, 86, 87, 88, 89, 92, 98, 101, 103, 108, 109, 110, 112, 116, 118, 128, 129, 130, 138, 140, 146, 151, 152, 153, 171, 175, 179, 182, 183 et 211 partie.

TROISIÈME VACATION, *Jeudi* 11.

Estampes en feuilles. N.os 11, 12, 13, 15, 41, 42, 63, 64, 93, 94, 95, 97, 99, 100, 104, 111, 117, 120, 121, 122, 123, 134, 135, 137, 139, 142, 144, 147, 148, 149, 150, 169, 170, 178, 184, et 211 partie.

QUATRIÈME VACATION, *Vendredi* 12.

Estampes encadrées et en feuilles. N.os 1, 7, 8, 10, 14, 16, 17, 19, 22, 27, 29, 34, 47, 48, 51, 55, 56, 61, 71, 72, 73, 74, 82, 83, 96, 115, 124, 132, 133, 136, 143, 157, 158, 160, 161, 162, 163, 164, 165, 166, 167, 168, 172, 173, 180.

Recueils et Livres sur les Arts. N.o 185 à 203 compris.

Planches gravées qui seront vendues à 3 heures précises. N.os 204, 205 et 206.

Dessins. N.os 207, 208, 209, 210 et 211 partie restante.

CATALOGUE.

ESTAMPES ENCADRÉES ET EN FEUILLES.

ALIAMET (*Par* JACQUES), *Elève de* JAC.-PHIL. LE BAS.

1 Grande Chasse au Cerf, ancien Port de Gênes, et Vue de Tarente, d'après Berghem; — dix Vues et Paysages, d'après J. Hackert, Wagner, J. Vernet et Huet. 12 Est., Epr. avant la lettre: la 2.e sous verre exceptée.

AUDOUIN (*Par* M.r PIERRE), *Elève de* JAC.-FIRM. BEAUVARLET.

2 Vénus arrachant une épine de son pied, d'après un Tab. dit de l'École de Raphaël: P. en H., sur le Dessin de M.r Bouillon. Epr. avant la lettre.

3 Le Christ porté au Tombeau, d'après le Caravage: P. en H., sur le Dessin de M.r Gianni, 1809. Epr. avant la lettre. (MUSÉE ROBILLARD ET LAURENT).

4 J........ vue en pied, en grand costume, avec manteau; Sujet dans une bordure gravée, enrichie de divers accessoires: le Portrait d'après M.r Isabey, la bordure d'après M.r C. Percier: P. en H., 1808. Epr. avant la lettre, seulement les noms d'Auteurs.

AUDRAN (*Par* GIRARD), *Elève de son père* CL. AUDRAN, *et de son oncle* CL. AUDRAN.

5 Le Père-Eternel porté sur les ailes des Anges, d'après la fresque peinte dans la voûte du Château de Sceaux; la Défaite de Porus, d'après Le Brun, 1681 et 1678: P. de 4 feuillets chaque: la 2.e, dont il n'y a ici que

les 3 dernières feuilles, est avant la lettre. A un des Morceaux l'inscrip. *Sic virtus....* écrite à la main.

AVRIL *fils* (*Par* M.r JEAN-JACQUES), *Elève de* M.r J.-JAC. AVRIL, *son père.*

6 Le Silence de Jésus, d'après le Tabl. d'Ann. Carrache, au Musée Royal : P. en L., sur le Dessin de M.r Granger, 1809 : Epr. avant la lettre, seulement les noms d'Auteurs.

BARTOLOZZI (*Par* FRANCESCO), *Elève de* FERRETI ; *Peintre*, *et de* JOS. WAGNER, *Graveur.*

7* Clytie, d'après Annibal Caracci, Sujet composé dans un rond, les angles du rond teintés à une seule taille : P. carrée, sur le Dessin du Graveur, 1772.

8* *Venus Cupid and Satyr*, d'après Luca Giordano : P. en L., sur le Dessin de R. Earlom, 1767.

BERSENEFF (*Par* JEAN), *Elève de feu* M.r BERVIC.

9 Saint Jérôme, saint Jean l'Evangéliste, d'après Dominique Zampieri; — le Tentateur, d'après le Titien : P. en H., Epr. avant la lettre. (GALERIE DU PALAIS-ROYAL).

BERVIC. (*Par feu* M.r)

10* L'Education d'Achille, d'après M.r J.-B. Regnault, 1796; — l'Enlèvement de Déjanire, d'après Guido Reni, 1801 : H. 16 p. 11 l. L. 13 p. 4 l., Epr. avant la lettre. (Les 3 lig. de Tit.) : à la 1.re P., *Peint par Regnault Enregistrée le XIX Germinal de l'an VI, gravé par Bervic ;* à la 2.e P., *Peint par Guido Reni, Enregistrée le XV Prairial an X ; gravé par Bervic :* à chacune l'adresse du Graveur.

11 L'Education d'Achille, l'Enlèvement de Déjanire,

Suite des Morceaux de feu M.r Bervic.

Epr. avant toutes lettres, noms d'Auteurs, enregistrement, tit. et adresse : l'Epr. de Déjanire tirée avant que le talon du pied gauche de Déjanire ne soit détaché de la draperie qui tombe sur le dos du Centaure, ce que l'Auteur a depuis effectué : de la 1.re r., 1 Epr.; de la 2.e r., 4 Epr. 4 Lots.

12 L'Education d'Achille, l'Enlèvement de Déjanire, Epr. avant la lettre, seul.t à l'une : *Peint par Regnault gravé par Bervic;* à l'autre : *Peint par Guido Reni, gravé par Bervic.* Cette dernière Estampe est avant le talon détaché de la draperie : de la 1.re r., 4 Epr.; de la 2.e r., 8 Epr. 8 Lots.

13 L'Education d'Achille, l'Enlèvement de Déjanire, Epr. avant la lettre, mais avec les noms d'Auteurs, l'époque des enregist. et l'adr. du Graveur : de la 1.re r., 6 Epr., 3 sont sur pap. de soie; des 3 autres, 1 est contre-collée sur carton; de la 2.e r., 2 Epr. 6 Lots.

14 L'Education d'Achille, l'Enlèvement de Déjanire, Epr. avec la lettre (ancien tirage) : de l'une, 2 Epr.; de l'autre, 14 Epr.

15 L'Education d'Achille, l'Enlèvement de Déjanire, Epr. non-terminée : de la 1.re, 4 Epr.; de la 2.e, 7 Epr. 7 Lots.

16*Le Repos, d'après N.-B. Lépicié : H. 12 p. 4 l. L. 10 p. 5 l. Epr. avant la lettre.

17*La Demande acceptée, d'après N.-B. Lépicié, 1784 : H. 18 p. 5 l. L. 13 p. 4 l. Epr. avant la lettre.

18 La Demande acceptée, 4 Epr. avant la lettre : 2 sont avant les armes, le titre et les noms d'Auteurs, seul.t à la gauche, dans la marge du bas, *Bervic 1778;*

Suite des Morceaux de feu M.r Bervic.

à droite, dans celle du haut, les mots *com.cée à 21 ans*, tracés à la pointe.

19*L'Innocence, d'après M.r J.-F. Léon Merimée, 1796: H. 16 p. 11 l. L. 13 p. 4 l.; Epr. avant la lettre, seul.t dans la marge: à droite *Peint par Merimée;* au milieu, *Enregistrée le XIX Germinal de l'an XI;* à gauche, *gravé par Bervic* (*). Pl. exécutée pour la Société des Amis des Arts.

20 L'Innocence, 5 Epr. avant toutes lettres, noms d'Auteurs et enregistrement. 5 Lots.

21 L'Innocence, 6 Epr. avant la lettre, seul.t *Peint par Merimée, gravé par Bervic;* mais avant l'enregistrement. 6 Lots.

22*Louis Seize, d'après M.r Ant.-Fr. Callet, 1790: H. 25 p. 4 l. L. 19 p. 1 l., compris la bordure gravée; sur la table où est le tit. Louis Seize, au-dessous en deux lignes, *Roi des Français..... National par l'Auteur;* dans la marge: à droite, *Peint par Callet peintre du Roi;* à gauche, *gravé en 1790 par Bervic graveur du Roi*: au milieu l'adresse du Graveur.

23 Louis Seize: ce Portrait et les 5 suivans séparés chacun en deux Morceaux; Epr. avant toutes lettres, où le côté droit, le haut et le bas de la bordure ne sont pas terminés.

24 Louis Seize, Epr. avant la lettre, seul.t les noms d'Auteurs et l'adresse du Graveur.

(*) On a depuis gravé, au milieu de cette marge, un médaillon où est représenté C. De Wailly; la légende porte: *Société des Amis des Arts*, et l'exergue, *C. De Wailly son fondateur en 1789*; au-dessous, près du trait qui entoure le médaillon, *pagou Del. Aug. Desnoyers s.*

Suite des Morceaux de feu M.r Bervic.

25 Louis Seize, 5 Epr. avec la lettre; plus, 4 Morceaux, 1 la tête du Roi; les 3 autres, parties inférieures de l'Estampe. 6 Lots.

26 Le Portrait de Sa Majesté Louis XVIII: ce Prince, représenté à mi-corps, est vu de face dans un ovale, d'après M.r J.-B.-J. Augustin; dans la tablette, au soubassement sur lequel l'oval est placé, les armes de France: H. 10 p. L. 6 p. 6 l. Epr. tirée sur la Pl. non-terminée: elle est avant toutes lettres.

27*Le Laocoon, d'après l'antique: H. 12 p. 8 l. L. 10 p. 4 l.; sur le Dessin de M.r Bouillon, 1810. Epr. avant toutes lettres, seul.t au milieu de la marge du bas, au-dessous du socle du groupe, *Bervic* tracé à la pointe. (H. R. ET L.).

28 Le Laocoon, 4 Epr. avant toutes lettres et avant le mot *Bervic* tracé à la pointe: 3 de ces Epr. avec toutes leurs marges. 4 Lots.

29*Saint Jean au désert, d'après Raphaël: H. 8 p. 6 l. L. 7 p.; gravé en 1791, sur le Dessin de M.r J.-B. Wicar. Epr. avant la lettre, seul.t les noms d'Auteurs. (GAL. DE FLORENCE).

30 Saint Jean au désert, Epr. avant toutes lettres.

31 Saint Jean au désert: 2 Epr. avant la lettre, seul.t d'un côté, *Raphaël;* de l'autre, *Bervic*, 1791, tracés à la pointe. 2 Lots.

32 Saint Jean au désert, 4 Epr.: 3 de la Pl. non-terminée, et 1 de l'Eau-forte.

33 Le petit Turc, d'après M.r P.-Alex. Wille fils, 1774, 1.re Pla.: H. 6 p. L. 4 p. 8 l.

34*Carolus à l'Inné, d'après Alex. Roslin, 2.e Pl., 1779: H. 7 p. 2 l. L. 6 p. 1 l. et demie, compris la bordure gravée.

Suite des Morceaux de feu M.r BERVIC.

35 Igat. Jac. Princeps Massalski, Evêque de Wilna; d'après F.-P.-Jos. Kymli, 1780 : H. 12 p. 2 l. L. 8 p. 1 l., compris la bordure gravée; 2 Epr. : la prem. est avant les tailles passées sur la tablette où est l'inscription *Igatius Jacobus.... albæ.*

36 Char Gravier, Comte de Vergennes, dessiné d'après nature, et gravé par Clément Bervic, en 1780 : H. 10 p. 8 l. L. 8 p. 2 l.; 2 Epr., 1 est avant la lettre.

37 Gabr. Senac de Meilhan, d'après J.-S. Duplessis, en 1783 : H. 15 p. 8 l. L. 12 p. 3 l.; 2 Epr., 1 est avant la lettre.

BLOT (*Par* MAURICE), *Elève d'*AUGUSTIN DE SAINT-AUBIN.

38 La Vierge aux Candélabres, d'après Raphaël, Sujet composé dans un rond : P. en H. Epr. avant la lettre.

39 La Vanité, d'après Léonard de Vinci; la Méditation, d'après Le Guide, Sujets de demi-figures : P. en H. Epr. avant la lettre.

40 Le Jugement de Pâris, d'après A.n Vanderwerf : P. en H., 1800. Epr. avant la lettre.

41 Les Bergers d'Arcadie, d'après N. Poussin : GR. P. en L., 1810. Epr. avant la lettre.

42 Marcus Sextus, d'après M.r P. N. Guerin : GR. P. en L. Epr. avant la lettre.

43 Le Verrou, le Contrat, d'après H. Fragonard; — Vénus et Diane, d'après Gauffier; — Jupiter et Io, Jupiter et Calisto, d'après M.r J.-B. Regnault; — M.gr le Dauphin et M.me Fille du Roi, d'après M.me L. Eliz. Le Brun, 1786; et le Portrait de l'Abbé de Geri. 7 Est. Epr. avant la lettre : les 3 prem., P. en L.; les 4 autres en H.

Suite des Morceaux de BLOT.

44 Mars et Vénus : P. en L. ; Voyage de Faune, de Satyres et d'Hamadriades : P. en H. Ces 2 Est. d'après N. Poussin : l'une sur le Dessin de M. Prud'hon ; l'autre sur celui de M.r Gianni. Epr. avant la lettre. (M. R. ET L. ; ET MUSÉE DE M.r H. LAURENT).

45 Ann. Carrache, d'après lui ; la Magdeleine, d'après Le Titien ; Van Dyck, d'après lui (GAL. DE FLOR.) ; — Dame vue à mi-corps, d'après Schalken (CAB. POULLAIN) ; — Femme sortant du bain, d'après Van Mool ; — Dame près d'un enfant au berceau, d'après P. de Hooge ; — Enfant formant des bulles de savon, d'après Fr. Mieris (CAB. LE BRUN) : 7 Est. en H. Epr. avant la lettre.

BOISSIEU (*Par* JEAN-JACQUES de), *Elève de* LOMBARD *et de* FRONTIER.

46 Vue du Temple du Soleil.... ; deux Paysages : dans l'un à gauche, le Temple de la Sybille ; dans l'autre des Laveuses. Ces 3 Morceaux dessinés et gravés par Boissieu ; — le Champ de blé, d'après Ruysdaal ; — le Charlatan, d'après K. Du Jardin. Epr. avant l'astérisque après 1772 : ces 4 P. n.os 32, 82, 83, 137 et 140 (*).

BOLSWERT. (*Par* SCHELTE à)

47* Trois Cavaliers combattant un lion qui se jette avec fureur sur un de leurs compagnons, pendant que deux

---

(*) Voir, pour ces n.os, l'OEuvre de Boissieu, pag. 34 de notre Catalogue raisonné des Estampes du Cabinet de M.r le Comte Rigal, vol. in-8.o Paris, 1817.

autres, à pied, se défendent contre une lionne, d'après Rubens, r. dite *la Chasse aux Lions:* cette Epr. provient du Cab. de Saint-Yves, n.° 187 de notre Catalogue (*).

48* Le Couronnement d'épines ou le Christ au roseau, d'après Van Dyck: cette Epr., avant la contre-taille, provient du Cab. de Saint-Yves, n.° 191 de notre Catalogue.

CALLOT (*Par* Jacques), *Elève de* Cl. Henriet, Jul. Parigii *et* Phil. Thomassin.

49 Les Misères et les Malheurs de la Guerre, 18 petites r. en t. Suite dite *les grandes Misères de la Guerre.*

50 Suite de Pièces: on y distingue le Passage de la Mer-Rouge, la Vie de l'Enfant prodigue, des Sujets de la Passion, la Vie de la Vierge, le Martyre des Apôtres, le *Benedicite,* le Miracle de saint Mansuet, saint Nicolas prêchant, les Apôtres, Pandore, les Sujets dits *les grandes et les petites Misères de la Guerre,* les Supplices, la Foire de Nancy, le Jeu de boule, la grande Chasse au Cerf, les Bohémiens, divers Caprices et Sujets de fantaisie, Costumes sous le règne de Louis XIII, Gueux dans différentes attitudes, *Bailli* ou *Cucucucu,* des *Bossus* ou *Pygmées,* Paysages, Vues de Paris, et nombre d'autres Morceaux de tout genre: 300 r., la plupart anc. Epr.; Suite précédée du Portrait de Jac. Callot, dessiné et gravé par *Mich.* Lasne; — plus, les images de tous

(*) Catalogue raisonné du Cabinet de feu M.r Charles Léoffroy-Saint-Yves, vol. in-8.° Paris, an XIII-1805.

les Saints et Saintes de l'année, et les Fêtes mobiles : Recueil de 490 P. sur 123 feuilles, en 1 vol. in-4.° cart.

CARON (*Par* M.r ADOLPHE-ANTOINE), *Elève de feu* M.r BERVIC.

51 Trois Sujets : pour le Théâtre de Racine, Gil-Blas de le Sage, et les OEuvres de Bernardin-de-Saint-Pierre : P. in-8.°, d'après M.r A. Desenne ; — trois Statues, d'après l'antique, dont celles d'Adorante ou Euterpe, et d'une Amazone blessée : P. in-fol., d'après les Dessins de M.r Granger (M. DE M.r H. L.) ; — Figure académique pour le concours de gravure en 1816, et une Etude de tête, Copie d'après Nanteuil. 8 Est. : celles des Sujets et des Statues, Epr. avant la lettre ; les 3 prem. sur pap. de Chine.

CHATILLON (*Par* M.r HENRI-GUILLAUME), *Elève de* M.r A.-L. GIRODET-TRIOSON, *Peintre, et de* M.r ABR. GIRARDET, *Graveur.*

52 Endymion, d'après M.r A.-L. Girodet-Trioson : P. en L. Epr. avant la lettre.

53 Offrande à Esculape, d'après M.r P. N. Guerin : P. en H. Epr. avant la lettre.

CHOFFARD (*Par* PIERRE-PHILIPPE) : *Choffard a reçu des leçons de* DHEULLAND, *Graveur de plan, et n'a pas eu d'autre maître.*

54 Le Rendez-Vous, d'après Baudouin ; les fig. pour la Dunciade, d'après C. Monnet : 11 P., compris le Portrait de Palissot ; les Portraits de Fr. de la Rochefoucauld, d'après Petitot ; et de la Condamine, d'après C.-N. Cochin fils ; quelques fig. des Suites de la Maison de Bourbon, des Préjugés militaires

(ouvrage du Prince de Ligne); et divers Sujets, Vues, Cartouches, Fleurons, Vignettes et Cul-de-Lampe, sur ses propres Dessins, ou d'après ceux de F. Boucher, H. Gravelot, H. Fragonard, M.r Le Barbier, etc. 90 Est.

CHOLLET (*Par* M.r ANTOINE-JOSEPH-PARIS), *Elève de* M.r J.-BAPT. REGNAULT, *Peintre, et de feu* M.r BERVIC, *Graveur.*

55 Trois Sujets, un pour le Théâtre de Molière, d'après M.r Devria; deux pour le Lutrin de Boileau, d'après M.r A. Desenne et M.r Rohen: P. in-8.°, Epr. avant la lettre; — deux Etudes de têtes, Copies d'après Ger. Edelinck et Nanteuil. 5 Est., 4 sont sur pap. de Chine.

COINY (*Par* M.r JOSEPH), *Elève de* M.r FR.-J. GOUNOD, *Peintre, et de feu* M.r BERVIC, *Graveur.*

56 Sujet pour le Théâtre de Racine, Scène de Bérénice, d'après M.r A. Desenne; — Le Dante, d'après Raphaël, dessiné et gravé à Rome, en 1819; — E. Q. Visconti, buste dans un ovale, sur le Dessin de M.r Bouillon: P. in-8.°; — Figure académique qui a remporté le premier grand prix au concours de gravures, en 1816. 2 Epr.; — et une Etude de tête, Copie faite en 1815, d'après Nanteuil. 6 Est. 5 Epr. avant la lettre: 4 de ces Estampes sur pap. de Chine.

COROT (*Par* ARMAND), *Elève de* M.r J.-BAP. REGNAULT, *Peintre, et de feu* M.r BERVIC.

57 La Vierge au Lézard, d'après Jules Romain: P. en H.
58 Scène du Déluge, d'après M.r A.-L. Girodet-Trioson: P. in-4.° en H., sur le Dessin de M.r Bourdon. Epr. avant la lettre; pap. de Chine (prix décennaux).

Suite des Morceaux d'Armand Coiny.

59 Statue de Démosthène, d'après l'antique : p. en h. ; — Portrait de F.ois Devosge, d'après M.r Devosge fils : p. in-4.o ; — deux Figures académiques, concours de gravure : l'une a remporté le deuxième grand prix, en 1810 ; l'autre le premier grand prix, en 1811 ; en tout, 4 Est.

DAUDET (*Par* M.r Robert), *Elève de* J.-Geor. Wille.

60 La Prairie, d'après Berghem ; — Joueur de Cornemuse, d'après Both et Berghem ; — Danse de Berger, Passage du Gué, d'après Berghem ; — le Pâtre, d'après du Jardin ; la Filleuse, d'après Isaac Ostade ; — Fête de Village, d'après Teniers ; — Alte de Cavalier, d'après A. Vanden Velde. 8 Est., Epr. avant la lettre : les 7 dernières (Cab. Le Brun) ; celle d'après Ostade est en h. ; les autres en l.

DELAISTRE (*Par* M.r Louis-Jean Desiré), *Elève de* M.r Fr. Forster.

61 Le Tintoret, d'après Le Tintoret : p. en h. ; — Trois Sujets : 1 pour les Œuvres de Voltaire, Zadig ; 2 pour les Œuvres de Legouvé ; le Mérite des femmes : p. in-8.o, d'après M.r A. Desenne ; Epr. avant la lettre ; — Et deux Figures académiques, pour le concours de gravure : la deuxième a remporté le second grand prix en 1820. En tout 6 Est. ; celles in-8.o et celle du grand prix, pap. de Chine.

DE MEULEMEESTER (*Par* M.r Joseph), *Elève de feu* M.r Bervic.

62 Sainte-Cécile, vue à mi-corps, 1806 ; l'Amour triomphant ; l'heureuse Mère, Sujet dans un ovale ; le

Prophète Siméon vu à mi-corps, 1800, d'après Raphaël, Dominiquain, Guerchin et Suvée : P. en H.; Peintures inédites des Salles de Raphaël au Vatican, Cah. in-8.° de 6 Fig. et 1 Tit.; — Amazone, Statue antique : P. in-fol. en H., sur le dessin de M.r Granger, (H. B. et L.); — Figure académique pour le concours de gravure de 1806; 12 morceaux, des 4 premiers et du dernier des Epr. doubles avant et avec la lettre. 17 Est.

DESNOYERS (*Par* M.r AUG.-GASP.-L.-BOUCHER), *Elève de* JAC. L. DEM. DARCIS *et de* M.r P. ALEX. TARDIEU.

63 La Vierge aux rochers, dessinée et gravée d'après Léonard de Vinci : P. en H., le haut cintré; 2 Epr. avant la lettre, 2 lots.

64 La Vierge au donataire, dite de Foligno, dessinée et gravée d'après Raphaël : GR. P. en H., le haut cintré, 1810. 2 Epr. avant la lettre. 2 lots.

65 Eliézer et Rébecca, dessinée et gravée d'après N. Poussin : GR. P. en L. 3 Epr., 2 sont avant la lettre, 1 est avec la lettre. 3 lots.

66 N.... Portrait en pied, d'après le Tabl. peint en 1805 par M.r Fr. Gérard : GR. P. en H., imprimée par Ramboz; Epr. avec le timbre où est un A....

67 Marie-Louise, Archiduchesse d'Autriche, d'après Guérard; son Epoux d'après M.r Robert Le Fèvre; son Fils assis sur des coussins, d'après M.r F. Gérard. 3 Est., les deux dernières avant la lettre.

68 Charles-Maurice de Talleyrand-Périgord, Prince de Bénévent, Portrait en pied, d'après M.r F. Gérard, GR. P. en H.

69 Phèdre et Hippolyte, d'après M.r P. Guérin ; P. en L. 2 Epr. avant la lettre. 2 lots.

Suite des Morceaux de M.r Desnoyers.

70 François I.er montrant à Marguerite, Reine de Navarre, le distique qu'il vient de tracer, d'après M.r Richard : r. en n. Epr. avant la lettre.

DREVET *fils* (*Par* Pierre-Imbert), *Elève de son père* P. Drevet.

71* Jacques Benigne Bossuet, Evêque de Meaux, vêtu du grand habit de docteur : ce Prélat, représenté en pied, debout dans son cabinet, tient de sa main droite un livre posé sur son bureau ; chef-d'œuvre de gravure, exécuté par Drevet fils, en 1723, à l'âge de vingt-six ans, d'après le Tabl. qu'Hyac. Rigaud avait commencé en 1699 et terminé en 1715 (1).

DUPONT (M.r). *Voyez* HENRIQUEL-DUPONT.

EDELINCK (*Par* Gérard), *Elève de* Corn. Galle *le jeune, se perfectionna sous* Nic. Pitau *et* Franç. de Poilly.

72* La Sainte-Famille de Jésus-Christ, d'après Raphaël ; Epr. avant les armes de Colbert au milieu du devant, sur les carreaux de marbre du plancher : elle provient du Cab. de Saint-Yves, n.o 250 de notre Catalogue.

73* Martin Vanden Bogaart, connu en France sous le nom de Desjardins (2), sculpteur du Roi, recteur de

---

(1) Ce Tableau, passé du Cabinet de M.r Delaboisse dans celui de M.gr A.-E.-L. Leclerc de Juigné, alors Archevêque de Paris, est actuellement au Musée Royal.

(2) Littéralement traduit en français, le nom hollandais *Vanden Bogaard* signifie *Du Verger*. Ce Maître, faute d'avoir bien entendu la juste valeur de ce terme dans les deux langues, aura sans doute donné lieu à cette traduction incorrecte.

Suite des Morceaux de Gérard Edelinck.

l'Académie royale...., représenté debout vu jusqu'aux genoux : sa main droite posée sur une tête de bronze d'un des captifs enchaînés aux pieds de la statue de Louis XIV, qui décorait la place des Victoires; cette Pl., gravée en 1698, d'après le Tabl. peint par H. Rigaud en 1692, est placée au rang des chefs-d'œuvre de Gér. Edelinck : H. 16 p. 1 l., L. 13 p., compris la bordure gravée. Epr. avant toutes lettres, très-rare à trouver ainsi : elle provient du Cab. de Valois, n.° 131 de notre Catalogue (*).

74* Treize Portraits: d'après *Champagne*, Arnauld, Champagne (marge coupée); — d'après *A. Coypel*, Tallemant, Montarsis; — d'après *de La Roue*, J.-P. Bignon; — d'après *De Largillière*, J.-B.-M. Colbert, P.-D. Huet, Ch. Le Brun, et Morant; d'après *De Troy*, Mouton; — d'après *J. Jouvenet*, Cl. de Sainte Marthe; — d'après *I. Hellart*, le Duc de Bourgogne; — d'après *Ladam*, J.-G. de Blye; deux des Portraits (ceux de Champagne et de Le Brun) sont sous verre. 2 lots.

75 Treize Portraits : d'après *Le Brun*, Ferdinand de Paderbonne, F.-M. Le Tellier, et Isr. Silvestre; — d'après *P. Mignard*, Ed. Colbert; — d'après *Nanteuil*, J. Rouillé; — d'après *Rigaud*, Bossuet, Surirey de Saint-Remy, G.-C. Fagon, et Ch. Colbert; — d'après *J. Tortebat*, C. Parent; — d'après *Vivien*, N. Blampignon; — sans noms de Peintres, Claude de Saint-Georges, et Char. Denis de Saint-Evremont.

(*) Catalogue raisonné d'une précieuse Collection d'Estampes du Cabinet de feu Charles de Valois, vol. in-8.° Paris, an IX-1801.

ESQUIVEL (*Par* M.r Manuel), *Elève de feu* M.r Bervic.

76 La Vierge, les mains croisées sur sa poitrine: elle est vue à mi-corps dans un ovale, d'après Le Guerchin; — La Sainte-Vierge assise, l'Enfant-Jésus l'embrasse, Sujet dans un rond, d'après Raph. Mengs, Tit. *refugium peccatorum*; — Portrait d'un jeune Homme, d'après Raphaël : p. en m.; Epr avant la lettre, (m. r. et l.); et *el Conde de Rumford*, vu à mi-corps, p. in-12. En tout 4 Est.

FORSELL (*Par* M.r). *Cet Artiste a terminé ses études de gravure sous feu* M.r Bervic.

77 Sujet pour le Poëme de Camoens, la Lusiade: d'ap. le dessin de M.r A. Desenne, M.r Gérard *direx.t*; — Louis XVIII, d'après M.r J.-B.-J. Augustin; — Ducis, pour ses OEuvres, d'après M.r Fr. Gérard, 1814; — Pestalozzi, chef de l'institution de ce nom, d'après M.lle Rath, 1814; Epr. avant la lettre, Pap. de Chine, les deux premières p. in-4.o, les autres in-12; plus, une Etude de tête, copie faite en 1808, d'après Nanteuil. 5 Est.

GANDOLFI (*Par* Matteo), *Elève de son père.*

78 Saint Jean près de la Vierge assise, qui allaite l'Enfant-Jésus, d'après Guido Reni; Tit. *S. Maria*, p. en m., 1812; — Diogène, d'après G. Gandolfi: gr. p. en l.; — Portrait d'après Raphaël, dessiné et gravé par M.e Gandolfi : p. en m. (m. r. et l.) 3 Est., les deux dernières avant la lettre.

GARNIER (*Par* M.r François), *Elève de feu* M.r Bervic.

79 Alexandre I.er; — Pozzo di Borgo, représentés à mi-

corps dans des ovales: ces 2 Portraits d'après M.r Fr. Gérard; Epr. avant la lettre et Epr. avec la lettre; — Portraits Romains, 2 bustes antiques, gravés sur le dessin de M.r Bralle: P. in-fol. en L.; Epr avant la lettre, (M. de M.r H. L.); plus, 2 Etudes de têtes, Mazarin, Marie de Bragelone, copies d'après Nanteuil, la 2.e en 1815. En tout 7 Est. 2 lots.

GELÉE (*Par* M.r François), *Elève de* M.r A.-L. Girodet-Trioson, *Peintre, et de* M.r J.-L. Char. Pauquet, *Graveur.*

80 Berger de Virgile, d'après Félix Boisselier: P. en H., Epr. avant toutes lettres; — Figure Académique qui a obtenu le 1.er second grand prix de gravure, au concours de 1820. 2 Est., la 2.e pap. de Chine.

GODEFROY (*Par M.r* John), *Elève de* J.-P. Simon.

81 Piège tendu par l'Amour, d'après Collet, le paysage par *Vict. Pillement*: P. en L.; Epr. avant la lettre; plus, 1 Epr. de l'Eau-forte. 2 Est.

HENRIQUEL-DUPONT (*Par* M.r Louis-Pierre), *Elève de* M.r P. N. Guérin, *Peintre, et de feu* M.r Bervic, *Graveur.*

82 Entrée d'Henri IV dans Paris; d'après une Composition de M.r Fr. Gérard, P. in-4.o, 1820; Epr. avant la lettre, les noms d'auteurs tracés à la pointe; plus, 1 Epr. de l'Eau-forte. 2 Est., pap. de Chine.

83 Cinq Sujets, 1 pour les OEuvres de Cervantes; 2 pour les fables de La Fontaine; 1 pour l'Héloïse de J.-Jac. Rousseau; et 1 pour les OEuvres de Bernardin-de-Saint-Pierre, d'après M.r A. Desenne; — M.r Dupont père, 1818: P. in-12 et in-8.o; Epr. avant la lettre; — Figures académiques pour le concours de gravure en

1816 et 1818, et une Étude de tête, Copie d'après Ger. Edelinck. 8 Est., 3 sur pap. de Chine.

KLAUBER (*Par* Ignace-Sébastien); *Elève de* J. Geor. Wille.

84 Petit Écolier de Harlem; Femme de F.ois Mieris; et le Barbier flamand, d'après Poelemburg, F. Mieris et Dietrici; — le Sauveur du monde, la Mère du Sauveur, d'après Stella et C. Maratte; — L'Amour clairvoyant, d'après Vanloo; — Portraits de C. Vanloo, et de Chr.-Gabr. Allegrain, d'après P. le Sueur et J.-S. Duplessis; — la Charité, d'après Le Guide, et deux Camées, Prométhée, et Enfant sur une chèvre, (Gal. de Flor.); — Portrait de Gasp. Netscher, d'après son Tabl. (Gal. du Pal. Royal); 12 Est. Epr. avant la lettre, les 10.e et 11.e p. en l., les autres en n.

85 Quatre Portraits: d'après *Becker*, Charl.-Fréd. Margrave de Bade; — d'après *W. Baravikovsky*, Alex.-Bor. Kourakin; — d'après *L. Guttenbrun*, Platon Métropolitain de Moscou; — d'après *G. Kügelgen*, Mar. Feodorowna, Impératrice de Russie. De ces 4 Est., la 1.re et les 3.e et 4.e avant la lettre.

86 Huit Portraits: d'après *J. Lampi*, les Comtes Stan. Fel. Potocki, Alex. de Moussin Pouchkin, et Alex. de Strogonoff; — d'après M.me *L.-Elis. Le Brun*, Eles. Alexiewna, Grande-Duchesse de Russie, et Stan. Auguste, Roi de Pologne; — d'après *Ritt*, Joseph, Archiduc d'Autriche; — d'après *Tonci*, le Comte de Rostopsin; — Et d'après *Wighy*, Jul. Ren. Comte Litta. prem. Epr.

LANGLOIS (*Par* M.r Pierre-Gabriel), *Elève d'*Alex. Loir, *Peintre*, *et de* J.-B. Simonet, *Graveur*.

87 Le Dominiquin, par lui-même, 1894 (Gal. de Flor);

—la Ménagère Nort-Hollandaise : P. en H., d'après Wautol, 1782 ; — Pierre I.er : P. in-4.o, d'après Caravaque, 1784 ; — Voltaire : P. in-8.o, d'après de la Tour, 1784 ;—Johan. Garrel : P. in-4o, d'après M.r Brossard de Beaulieu. 5 Est. : les 2 prem. avant la lettre.

LAURENT (*Par* M.r PIERRE-LOUIS-HENRI), *Elève de* P. LAURENT, *son père.*

88 Le Martyre de Saint Pierre Dominicain, d'après le Titien : le haut de la Composition est cintré : P. en H., d'après le Dessin de M.r Bouillon, en 1807. Epr. avant la lettre. (M. R. ET L.).

LIGNON (*Par* M.r FRÉDÉRIC), *Elève de* M.r ANT.-ALEX. MOREL.

89 Sainte Cécile, d'après le Dominiquin : P. en H., sur le Dessin de M.r Lefort, 1812. Epr. avant la lettre.

90 Atala, d'après M.r Gautherot : CA. P. en L. Epr. avant la lettre.

91 L'Amour considérant le portrait de Psyché, d'après M.r C. Meynier : P. en L. ; Pl. commencée par *Romanet.* Epr. avant la lettre.

92 S. A. R. Madame, Duchesse d'Angoulême, d'après M.r J.-B.-J. Augustin : P. en H. Epr. avant la lettre : le titre en lettre grise, et la déd. au Roi tracée à la pointe ; pap. de Chine.

93 Le Camoens représenté à mi-corps, la main droite posée sur son Poëme de la Lusiade ; le Portrait d'après M.r Fr. Gérard, la bord. gravée d'après le Dessin de M.r L. Visconti : P. in-4.o en H. Epr. avant des contre-tailles à plusieurs parties de la Pl. et avant toutes lettres.

94 Louis-Philippe d'Orléans, Duc d'Orléans, vu à mi-corps, dans un ovale ; — M.lle Mars vue à mi-corps :

ces deux Portraits d'après M.[r] Fr. Gérard : P. en H. : à l'une 1814. Epr. avant la lettre. 2 Est. : la prem. sur pap. de Chine. 2 Lots.

LONGHI (*Par* GIUSEPPE), *Elève de* VINC. VANGELISTI, *et de* RAPHAEL MORGHEN.

95 *Filosofo in contemplazione*, *Filosofo in meditazione* : P. en L. ; *Rembrantii effigies* ; Vieillard à barbe, 1800 ; et Nègre vu à mi-corps : P. en H. Ces 5 Morceaux d'après Rembrandt ; Vieille, vue à mi-corps et tête nue : P. P. marquée, à droite sur le fond, 1807 ; en tout, 6 Est.

LORICHON (*Par* Mr CONSTANT-LOUIS-ANTOINE), *Elève de* Mr GROS. MALBESTE, *et de* M.[r] FR. FORSTER.

96 Sujet pour le Lutrin de Boileau, d'après Mr A. Desenne : P. in-8.°, 1821 ; — N.-M. Karamsine, auteur d'une Histoire de Russie, Portrait gravé d'après M.[r] La Guiche : P. en H., pour la traduct. de Mr Saint-Thomas ; — deux Figures académiques pour le concours de gravure : l'une, 2.e grand prix de 1818 ; l'autre, 1.er grand prix de 1820 ; — et une Etude de tête, Copié, en 1818, d'après Gér. Edelinck. 5 Est. : 4 pap. de soie.

MARAIS (*Par* HENRI), *Elève de* JEAN MASSARD.

97 Les trois Parques, d'après Michel-Ange ; — Andromède, d'après Furino : P. en H. ; — Statues d'Amazone et de Bacchus ; Statues de Femme sortant du bain, et de Génie de Femme : P. en L. Ces Morceaux sur les Dessins de Mr J.-B. Wicar. 4 Est., Epr. avant la lettre. (GAL. de FLOR.).

MARIAGE (*Par* Mr LOUIS-FRANÇOIS), *Elève de* ROBIN, *Peintre*, *et de feu* Mr BERVIC, *Graveur.*

98 La Femme adultère, d'après le Tableau de N. Pous-

sin, au Musée Royal : TRÈS-GR. P. en L. Epr. avant la lettre.

MASQUELIER (*Par* M.r CLAUDE-LOUIS), *Elève de* L.-JOS. MASQUELIER, *son père, et de* M.r P. GABR. LANGLOIS.

99 Lanfranc, d'après son Tableau ; — Vénus et Adonis, d'après Féd. Zuccheri, 1815 ; — Portrait d'un Vieillard, d'après Rembrandt, 1813 ; — Statues de deux Satyres, Bronze antique, et cinq Pierres antiques gravées : tous ces Morceaux sur les Dessins de M.r J.-B. Wicar (GAL. DE FLOR.) ; — l'Elévation en Croix, d'après Rubens, sur le Dessin de M.r Girod, 1814 (MUSÉE FILHOL). 10 Est. : 7 sont avant la lettre, et 3 sur pap. de Chine.

100 Quatre Portraits, homme et femmes célèbres du siècle de Louis XIV : Pl. in-8.° pour les lettres de M.me de Sévigné, Edit. de M.r Blaise l'aîné ; — Louis XVIII, Marianne Barilli : cette dernière P. d'après M.lle la Cazette : Pl. in-4.°, 6 P. Epr. avant la lettre, pap. de Chine.

MASSARD (*Par* M.r JEAN-BAPTISTE-RAPHAEL-URBAIN), *Elève de* J. MASSARD, *son père.*

101 Apollon et les Muses, d'après Jules Romain : GR. P. en L. Epr. avant la lettre et avec les armes.

102 Le Duc de Feltre, d'après M.r Fabre, Portrait en pied : P. en H. Epr. avant la lettre et avec les armes.

103 Homère, d'après M.r Gérard : P. en H., 1816. Epr. avant la lettre.

104 Atala, d'après le Tableau peint en 1808, par M.r A.-L. Girodet-Trioson : P. en L. 2 Epr. avant toutes lettres. 2 Lots.

105 Saint Paul prêchant à Ephèse, d'après Le Sueur :

P. en H., sur le Dessin de M.r Bouillon. Epr. avant la lettre, les noms d'Auteurs tracés à la pointe. (M. R. ET L.).

MATHIEU (*Par* JEAN), *Elève de* JOS. DE LONGUEIL.

106 Vue d'une partie du Lac de Trasimène, d'après Guaspre Poussin; — le Temps orageux, d'après H. Fragonard: P. en L. Epr. avec les Tit. en lettre grise; — le Serment d'Amour, d'après H. Fragonard, Sujet composé dans un ovale: P. en H. Epr. avant la lettre; — Plus, le Repos en Egypte, d'après P.-F. Mola: P. en L. Epr. avant la lettre. (GAL. DU PALAIS-ROYAL). 4 Est.

MIGER (*Par* SIMON-CHARLES), *Elève de* CHAR.-NIC. COCHIN *fils*.

107 La Blessure sans danger, d'après Boucher; — Apollon et Marsyas, d'après C. Vanloo; — Junon empruntant la ceinture de Vénus, d'après M.r J.-B. Regnault; et 26 Portraits, Marie-Antoinette, d'après M.r J. Boze, 1814, etc. 29 Est.

MOREL (*Par* M.r ANTOINE-ALEXANDRE), *Elève de* J. MASSARD *et de* FR. ROB. INGOUF.

108 Serment des Horaces, d'après M.r Jac.-L. David: GR. P. en L., 1810. Epr. avant la lettre.

109 OEdipe, d'après J.-Ant.-Théod. Giroust: GR. P. en L. Epr. avant la lettre.

MULLER (*Par* JEAN-GOTTHARD), *Elève de* J.-GEOR. WILLE.

110 Sainte Catherine en méditation, vue à mi-corps; près d'elle, deux Anges, d'après Léonard de Vinci: P. en H. Epr. avant toutes lettres.

Suite des Morceaux de J.-Got. Muller.

111 Sainte Cécile, d'après Dominichino, sur le Dessin de Fréd. Muller fils: p. en h. Epr. avant toutes lettres. (m. r. et l.).

112 La Bataille de Bunker's Hill (*The Battle at Bunker's Hill*), d'après Trumbull: gr. p. en l.

113 Louis Seize représenté debout en manteau royal, Portrait en pied, d'après J.-S. Duplessis: gr. p. en h. Epr avant la lettre.

114 Portraits du Baron de d'Alberg, et de Loder, Chirurgien, d'après de Tischbein; — Schiller, Poëte, et Graff, Peintre, d'après Graff; — le Comte de Stolberg, d'après Rincklake; — et Moses Mendels Sohn: p. en h. 6 Est. Epr. avant la lettre: le Portrait de Stolberg excepté.

115*Lot avec ses Filles, Alexandre vainqueur de *soi-même*, la tendre Mère (M.me Muller et son enfant), la Mère Brigide, la petite Javotte, d'après G. Hondhorst, Gov. Flinck, Tischbein, et M.r P.-Alex. Wille; — Portraits: de L. Galloche, L. Leramberg, J.-B.-M. Pierre, J.-Geor. Wille, et M.me Le Brun, d'après L. Tocqué, N.-S.-A. Belle, Pierre, Greuze, et M.me Le Brun; — et une Etude de tête (Des Jardins), d'après Ger. Edelinck. 11 Est: 4 sont avant la lettre ou avec la lettre grise; la 10.e sous verre.

MULLER (*Par* Frédéric), *Elève de* J.-Gott.-V. Muller, *son père.*

116 Adam et Eve, d'après Raphaël: p. en h., dessinée et gravée par Muller, en 1813: dans la marge, 6 lig., vers, déd., etc.

117 *La Madonna di S. Sisto di Rafaello*, d'après le Tabl. de la Gal. de Dresde: gr. p. en h., sur le Dessin de M.me Seidelman. Epr. avant la lettre.

118 Saint Jean-l'Evangéliste, d'après Zampieri, dit le Dominichino : p. en H., dessinée et gravée en 1808. Epr. avant la lettre.

119 Fréd.-Guil. Charles, Roi de Wurtemberg, alors Prince royal, dessiné et gravé en 1806; — Notter, Négociant, d'après Hetsch; — Hufeland, Médecin, d'après Tischbein; — plus, Vénus d'Arles, Statue antique; et la Jeunesse, Stat. de F. Le Masson: la 1.re sur le Dessin de M.r Granger (M. B. ET L.); et une Etude sous le titre des *Quatre Saisons* (*le Père Silène....*), d'après C. Macret, Pl. 43 du Cabinet Poullain. Ces Morceaux en H., 6 Est.: les 3.e 4.e et 5.e avant la lettre.

NANTEUIL. (*Par* Robert)

120 Christine, Reine de Suède, d'après Bourdon, 1655; —Turenne, Pl. in-fol., J.-Bap. Colbert, deux: l'un de 1660, l'autre de 1662; le Boutillier, Secr. du Roi; les Évêques de Neuville, 1658; Servien, 1656, et de Beaumanoir, et Char. Benoise: tous deux de 1651. Ces Portraits d'après Champaigne. 9 Est.

121 J. de Megrigny, Président, d'après J. Daret; — D. Marin, d'après Dieu, 1661; — J.-L.-Char. d'Orléans Longueville, Comte de Dunois, et Char. Pâris d'Orléans Longueville, Comte de Saint-Paul, tous deux d'après Ferdinand, en 1660; — le Maréchal de la Meilleraye, d'après Justus, 1662; — et P. Seguier, Chancelier de France, d'après Le Brun, 1657. En tout, 6 Estampes.

122 Pompone de Bellièvre, 1.er Président, d'après Le Brun;—Anne d'Autriche, Reine de France, d'après Mignard, 1660; — H.-J. de Bourbon, Duc d'En-

guien, d'après Mignard le Romain, 1661; — Louis XIV, d'après Mignard d'Avignon, 1661. En tout 4 Est.

123 La Duchesse de Némours; d'après Beaubrun; — J. Fronto, Chanoine, d'après F. Cabouret, 1663; — et 6 autres Portraits. 8 Estampes.

124* La Mothe-Le-Vayer, Précepteur de Monsieur, Frère de Louis XIV, 1661, et J. Loret, Poète français, gravés par *Nanteuil* sur ses propres Dessins.

OUTKINE (*Par* M.r Nicolas), *Elève de feu* M.r Bervic.

125 Saint Jean-Baptiste, d'après Raph. Mengs: p. en h. — Alexandre de Macédoine, Buste dans un ovale; — les Portraits du Prince Alexandre Borissowitsch, Kourakin, du Comte Arakcheeff, 1818; de N.-M. Karamsine, pour la 2.e Édit. de son Histoire de Russie, 1819, etc. 6 Est. : à la 1.re et à la 3.e, les Tit. en lettre grise, les autres avant la lettre.

PESNE. (*Par* Jean)

126 Les sept Sacremens de l'Église, représentés en une suite de Sujets tirés de l'Histoire-Sainte, d'après N. Poussin : très-gr. p. en l., de deux feuilles chaque.

PONCE (*Par* M.r Nicolas), *Élève de* J.-B.-Mar. Pierre, *Peintre, et d'*Éti. Fessard *et* Nic. Delaunay, *Graveurs.*

127 Les illustres Français, d'après Marillier : 36 p. des 58 qui composent cet ouvrage. — 35 Figures et Viguettes : 11 sont pour le Rolland, d'après Cochin, et 10 pour les Idylles de Gessner, d'après M.r Le Barbier. — Les Différens Évenemens de la Guerre

d'Amérique : 14 P., Tit. et Fig. par feu M.r *Fr.* Godefroi, et par M.r Ponce, sur leurs Dessins, et d'après Bertaux, Fauvel, Le Paon, Marillier, William et M.r Le Barbier; et 2 Cartes, 1 est de Dupuis. Ce Recueil contient 16 P. gr. in-4.o en l. En tout, 84 P.

PORPORATI (*Par* Carlo), *Élève de* Jos. Chevillet *et de* Jac.-Firm. Beauvarlet.

128 Le Coucher, d'après le Tableau peint par Jac. Vanloo, en 1650, gravé par *Porporati*; — plus, Dédale et Icare, d'après le Tabl., peint par J.-M. Vien, en 1764, gravé par *J.-G. Preisler*, en 1787. 2 Est. en N.; l'Épr. de la seconde P. est avant la lettre.

POTRELLE (*Par* M.r Jean-Louis), *Élève de* M.r P.-Alex. Tardieu *et de* M.r Aug.-Gasp.-L.-Bouch. Desnoyers.

129 L'Amour et Psyché, d'après le Tabl. de M.r Jac.-L. David, au Cabinet de M.r le Comte de Sommariva; P. en l. Épr. avant la lettre.

130 Deux Portraits : l'un, Michel-Ange, d'après le Tabl. de ce Maître; l'autre, Jac.-L. David, d'après le Tabl. peint à Bruxelles, par F.-J. Navez. 2 Est : à la 1.re, le Tit. en lettre grise.

PRADIER (*Par* M.r Charles-Simon), *Élève de* M.r Aug.-Gasp.-L.-Boucher Desnoyers.

131 Le Comte Regnault-de-Saint-Jean-d'Angeli; Homme en grand costume, 1813 : tous deux en pieds; Homme en habit militaire, et Hortense, vus à mi-corps, 1813, 1812, d'après M.r Fr. Gérard. Épr. avant la lettre; plus, les Épr. d'eau-forte des 1.er et 4.e de ces Portraits. 6 Est. en N.

132 Portraits de Ducis, Suard, Canova et M.r Rédouté,

d'après M.r Fr. Gérard. Epr. avant la lettre; — Saussure, d'après Saint-Ours : le Tit. en lettres grises. 6 Est. du Portrait de Ducis. 2 Epr. : 1, est sous verre. 2 Lots.

PREVOST (*Par* M.r Zacher), *Elève de feu* M.r Bervic.

133 Neuf Sujets : d'après M.r Albrier, pour les OEuvres de Fléchier, 1; — d'après M.r A. Desenne, Marie Stuart en prière, 1; pour Gil-Blas de le Sage, 1; le Frontispice des OEuvres de Bernardin-de-Saint-Pierre, 1; et pour les OEuvres de Gilbert, 1; — d'après M.r Hersent, pour le Théâtre de Molière, 1; d'après M.r Hor. Vernet, pour Don Quichotte de Mich. Cervantes, 1; et pour le Théâtre de Molière, 2 : p. in-12 ou in-8.o Epr. avant la lettre, pap. de Chine.

RABER (*Par* J.... G....), *Elève de* J.-Gott.-V. Muller, *et de* M.r Aug. Gasp. L. Bouch. Desnoyers.

134 L.-Char.-Auguste, Prince héréditaire de Bavière, d'après M. Kellerhofen : p. en h. Epr. avec la lettre grise, pap. de Chine.

RAIMBACH. (*Par* Abraham)

135 Ugolino et ses enfans dans un cachot, Sujet tiré de l'*Enfer*, poëme du Dante : Composition de demi-fig. d'après Jos. Reynolds : p. en l. Epr. avant la lettre, seul.t les noms d'Auteurs tracés à la pointe; plus, l'Epr. d'eau-forte. 2 Est. : la 1.re pap. de Chine.

136 Six Sujets, savoir : d'après R.d Smirke, pour le Monde, poëme, 1; pour Don Quichotte, de Mich. Cervantes, 1; pour Gil-Blas, de Le Sage, 2; — d'après R.d Westal, Vision du Prince don Roderick,

1; la Lusiade de Camoens, 1 : P. in-8.° Epr. avant la lettre, pap. de Chine.

RICHOMME (*Par* M.r Joseph-Théodore), *Elève de* M.r J.-Bapt. Regnault, *Peintre, et de* Jac.-Jos. Coiny, *Graveur.*

137 Adam et Ève, d'après Raphaël: P. en H., 1814. Epr. avant la lettre.

138 La Vierge de Lorette, d'après Raphaël: P. en H., 1813 (Composition en demi-figures), Epr. avant la lettre.

139 Les cinq Saints, d'après Raphaël: P. en H., sur le Dessin de M.r Bouillon, 1819. Epr. avant toutes lettres, pap. de Chine (M. de M.r H. L.).

140 Neptune et Amphitrite, d'après Jules Romain: P. en H., 1818. Epr. avant la lettre, seul.t les noms d'Auteurs (Société des Amis des Arts).

141 Bacchus, Vénus au bain, jeune Faune avec une flûte, Statues antiques: la 2.e dessinée par le graveur; les autres par M.r Granger: P. en H. Epr. avant la lettre (la 1.re M. H. et L., les 2 autres M. de M.r H. L.); — les Portraits de Louis XVIII et de Madame. Epr. avant la lettre; — et la Figure qui a remporté le grand prix du concours de gravure en 1806. En tout, 6 Est.

ROSASPINA. (*Par* Francesco)

142 Le Christ mort, d'après Allegri, dit Coreggio: P. en L. Epr. avant la lettre.

SAINT-AUBIN (*Par* Augustin de), *Elève d'*Ét. Fessard, *et de* L. Cars.

143 Vénus Anadyomène, Jupiter et Léda, d'après Le Titien et Paul Véronèse; Laoçoon d'après l'antique,

sur le dessin de J.-G. Salvage ; des Pierres gravées pour l'ouvrage de la Chau et le Blond ; quelques Vignettes et des Portraits; 118 Est.; 2 des Portraits sont sous verre.

SCHMIDT *de Berlin* (*Par* GEORGE-FRÉDÉRIC), *Élève de* C. P. BUSCH *et de* NIC. DE LARMESSIN.

144 Un Fumeur et un Buveur assis près d'une table, d'après A. V. Ostade, 1757. 1.re Epr., les noms d'auteurs tracés à la pointe, r. du Cab. de M.r L. T., n.o 162 de notre Catalogue (*).

SCHULTZE (*Par* CHRÉTIEN GOTTFRIED), *Élève d'*HUTIN *et de* JOS. CAMERATA.

145 Vénus et l'Amour; Tête de N. S.; le Christ au roseau; Vénus couchée: près d'elle deux Amours, d'après Jules Romain, Ann. Caracci, et M.r Viani; Epr. avant la lettre, ou avec la lettre grise; — Ganimède enlevé par l'aigle, d'après Rembrandt; 5 Est., la 4.e en r., les autres en n., la dernière de grand format.

146 J.-Geor. Palizsch, Joseph II, Empereur des Romains, d'après Graff et Kymli; — L'Amour entre la Vérité et la Volupté, d'après L. Jordans (CAB. POULLAIN); Enlèvement de Déjanire, Bergère endormie et Sommeil d'Erigone, d'après Rubens, G. V. Mieris et Lairesse, (CAB. LE BRUN); 6 Est., les 4 dernières avant la lettre.

SHARP (*Par* WILLIAM), *Élève de* B. WEST, *Peintre, et de* FR. BARTOLOZZI, *Graveur.*

147 Lucrèce, d'après Domenichino, Sujet composé dans

(*) Catalogue raisonné d'une précieuse Collection d'Estampes du Cabinet de M.r L. T. Paris, 1813, in-8.o

un ovale, P. en L., 1784; Epr. avant la lettre, etc. 4 Est.

TARDIEU (*Par* M.r PIERRE-ALEXANDRE), *Élève de* J.-GEORGE WILLE.

148 Saint-Michel terrassant Satan, d'après Raphaël: P. en H., sur le dessin de M.r Harriette, 1806, Epr. avant la lettre, seulement les noms d'auteurs tracés à la pointe. (M. R. ET L.).

149* Triomphe de Judith, d'après Alex.dre Allori; — le Comte d'Arundel, d'après Van Dyck; Sujets de demi-figures: P. en H., sur les dessins de M.r J.-B. Wicar, 1788; Epr. avant la lettre, 2 Est., la 1.re sous verre. (GAL. DE FLOR.).

150 Henri IV représenté debout, Portrait en pied, d'après le Tabl. peint par Fr. Pourbus, en 1610, P. en H., 1788 (GAL. DU PAL. ROY.); plus, Henri IV vu à mi-corps, aussi d'après Pourbus; 2 Est., Epr. avant la lettre.

151 N....... vu en pied, en grand costume avec manteau, Sujet dans une bordure gravée, ornée de divers accessoires: P. en H.; le Portrait d'après M.r Isabey, par M.r *P.-Alex. Tardieu*, la bordure d'après M.r C. Percier, par MM.rs *Malbeste* et *Dupréel*; Epr. avant la lettre, seulement les noms d'auteurs.

152 N....... vu à mi-corps dans un ovale en H., d'après M.r Muneret, 1812; Epr. avant la lettre; — plus le Masque de N....... dans un disque formé de rayons.

153 Alexandre I.er, Frédéric Guillaume, Prince Royal de Prusse, la Reine de Prusse, et Paul Barras, d'après Gelh. Kuchelchen; J.-H.-E; M.me Le Brun; et M.r Hilaire le Dru; et Stanislaus Augustus, Rex

Suite des Morceaux de M.r P.-Alex. Tardieu.

Polonisæ, 1792; 5 P., la 1.re et la 3.e in-fol., la 4.e très-grand in-fol., les 2.e et 5.e in-8.o.

154 Montesquieu, 1796; J. Blauw, 1796: J.-B. Léon Dubreuil, 1783; Adbobz, 1792; et Fr.-Nic. Brocas, 1781; d'après Chaudet, M.r Jac. L. David; Soph. de Tott; D. Levitzky; et F.-S. Paradis: P. in-4.o; 5 Est., la 1.re avant la lettre.

155 Alexandre-le-Grand, buste dans un médaillon; — Ivan VI; A.-D. Lanskoi; — Henri IV, Charles XII, Pierre I.er, Voltaire, le buste du même: ces cinq derniers Portraits pour les OEuvres de Voltaire, Edit. de Kell; — Mazarredo, d'après M.r Bellier; Demoustier, d'après M.r Pajou fils: 10 P. in-8.o; — Psyché abandonnée, d'après M.r Fr. Gérard, P. in-4.o; Epr. avant la lettre, 11 Est.

156 Francklin, le Maréchal Ney, et les bustes de G. Washington et B......., d'après Duplessis, MM.rs Gérard, Houdon et Isabey; 4 Est., la 2.e in-8.o, les autres in-12, etc. 7 Est.

TAUREL (*Par* M.r André-Benoit), *Elève de feu* M. Bervic.

157 Sextus Pompée, Statue antique: P. en H., d'après le dessin de M.r Granger, Epr. avant la lettre; (M. de M.r H. L.); — Et deux Figures académiques pour le concours de gravure: l'une pour celui de 1816, l'autre, celle qui a remporté le premier grand prix en 1818. 3 Est.

TOSCHI (*Par* M.r Paolo), *Elève de feu* M.r Bervic.

158 Sujet pour le théâtre de Racine: P. in-8.o, d'après M.r A. Desenne; — le Duc de Cazes représenté assis près de son bureau; Portrait en demi-figure, d'après

M.r Fr. Gérard : P. grand in-4.° ; Epr. avant la lettre, pap. de Chine.

ULMER (*Par* J. CONRAD), *Elève de* J. GOTT. V. MULLER. *Ulmer a continué ses études de gravure à Paris, sous feu* M. BERVIC.

159 Portrait, d'après Van Dyck; les Bourguemestres distribuant le prix du jeu de l'arc, d'après Vander Helst, sur les dessins de MM.rs Gianni et Ch.s Chasselat (M. B. ET L. ET M. DE M.r H. L.) ; — Carlo Dolce, peint par lui-même; Becadelli, d'après Le Titien; un des fils de Niobé percé d'une flèche, d'après une statue antique, sur les dessins de M.r J.-B. Wicar, (GAL. DE FLOR.); Epr. avant la lettre; 5 Est., la 2.e en L., les autres en H.

VISSCHER. (*Par* CORNEILLE DE)

160* Coppenol, homme célèbre dans l'écriture : cet Ecrivain, représenté la plume à la main, est vu jusqu'aux genoux, assis dans son cabinet : P. en H., 1658, Portrait connu sous le titre de l'*Ecrivain* ; 2 Epr. avant la lettre, la 1.re tirée avant que le pli de la manche n'ait été ébarbé, ces 2 Est. prov. du Cab. C.... Médecin, n.° 147 de notre catalogue publié en 1798.

161* Gellius de Bouma, Ministre de l'Evangile à Zutphen; le Vendeur de mort-aux-rats; la Bohémienne ou la Nourrice; le Chat, par *Corn.* DE VISSCHER ; — plus, le Sujet dit *le Tatonneur*, d'après A. V. Ostade, par *J.* DE VISSCHER; de ces 5 Est., 4 sous 3 cadres, l'autre en feuille. 2 lots.

WILLE. (*Par* JEAN-GEORGE)

162* La Mort de Marc-Antoine, d'après Battoni; — la Ménagère, la Devideuse, d'après Ger. Douw; — l'Observateur distrait, d'après Mieris; — Mort de

Cléopâtre, d'après G. Netscher; — Musiciens ambulans, d'après Dietricy; — Maréchal des Logis, d'après M.r P.-Alex. Wille, et le Sapeur. 8 Est., la 1.re en r., les autres en n., les deux dernières avant la lettre (la Devideuse et les Musiciens sont sous verre). 2 Lots.

WOOLLETT (*Par* WILLIAM), *Elève de* FR. VIVARÈS.

163* Macbeth, d'après Fr. Zuccarelli : r. en r., 1770.

164* Les Habitans des Chaumières (*The Cottagers*); les Paysans joyeux (*The jocund Peasants*); d'après Du Sart : r. en n., 1765-67, les Eaux-Fortes par *J. Browne*; Epr. avant la lettre.

165* Campagne où l'on voit, à la droite, un Dessinateur: il est assis au pied d'un groupe de grands arbres, d'après Geor. Smith. r. en r., 1762.

166* Niobé, d'après Rich. Wilson : r. en r., 1761.

DIFFÉRENS MAITRES.

167* Par *Balechou*, la Tempête, d'après Jos. Vernet; — par *Beauvarlet*, l'Enlèvement d'Europe, d'après Giordano, Epr. avant la lettre; — 8 autres r. par M.rs *Anselin*, *Bartolozzi*, *Bouilliard*, et M.r *J.-B.-H. Bourgeois*, 1806. En tout, 11 Est., la 1.re sous verre. 2 Lots.

168* Par *Darcis*, le Départ et le Retour, d'après M.r Isabey, Epr. avant la lettre; — par *H. Fragonard*, l'Armoire; — 12 autres Sujets, par *Blot*, *Nic.* et *Rob. Delaunay*, et M.r *de Meulemeester*. 14 Est. 1 est double, et celle de Blot sous verre.

169 Par *R. Earlom*, *The Lion and Boar*, d'après

Suite des différens Maîtres.

Sneyders, 1 r. en manière noire; — par *Theod. Falckeysen*, et sous la conduite d'*J.-S. Klauber*, la Mort du Général Wolfe, et la Bataille de la Hogue, Copies d'après les Pl. de W. Woollett: de chacune de ces Copies, 2 Epr.; l'une avant la lettre, l'autre avec la lettre. 5 Est. 3 Lots.

170 Par *J.-Jac. Flipart*, l'Accordée de Village, d'après Greuze, Epr. sur pap. de soie; — par *Fr. Godefroy*, les Géorgiennes au bain, d'après L. de La Hyre, Epr. avant la lettre; — par *Henriquez*, Moïse sauvé des eaux, d'après Véronèse, Epr. avant la lettre; — 7 autres Sujets, par *H. Guttenberg*, *J.-J.-J. Huber*, et *J.-S. Klauber*. 10 Est.

171 Par M.r *Fr. Girard*, l'Amour, Fingal, Atala, Andromaque, demi-Figures, d'après MM.rs Gérard, Girodet et Guérin; et Statue de jeune Faune, d'après l'antique: ces Morceaux au pointillé, sur les dessins de M.r Reverdin; — par M.r *H. Le Fevre*, la belle Féronnière, d'après Leonard de Vinci; Vénus, d'après l'antique, sur les dessins de MM.rs Ingre et Granger; — plus, 31 Sujets et Etudes, par *A. Cardon*, *De Brea*, M.r *Demarteau*, M.r *De Paroi*, *Schiavonetti*, *Vendramini*, M.lle *Jenni Vernet*, etc. 38 Est. 3 Lots.

172 Par *Chrisos. Martinez*, Figures anatomiques, 2 r. gr. in-fol.; — et 21 Sujets, Vues, etc., par *C. Macret*, *L.-J. Masquelier*, *Martenasie*, *Martini*, *Miger*, *Née*, M.r *Outkine*, M.r *Picquenot*, *Pinelli* et *J.-B. Piranesi*. 23 Est.; une, celle de M.r Outkine, est sous verre. 2 Lots.

173 Par *J. Schmuzer*, Mutius Scevola, d'après Ru-

bens; — par *Fr. Villamene*; le Sujet connu sous le titre des *Gourmeurs*. 2 Est.

174 Sujets de tous genres, d'après des Maîtres des trois Ecoles : dans ce nombre des Morceaux d'*Henr. Goltzius*; 58 P. — Plus, des Sujets d'après des Tableaux de différentes Galeries et Cabinets. 22 P. En tout, 80 Est. 3 Lots.

175 Traits historiques, Vues, Paysages, etc. 50 Est.

176 Eaux-Fortes de Sujets et de Paysages; plusieurs sont de *Gius. Longhi*, *Char. Weisbrod*, et *Vict. Pillement*. 78 Est. 2 Lots.

PORTRAITS.

177 Portraits, par *Pontius*, *de Visscher*, *A. Masson*, les *Drevet*, *Fr. Chereau*, etc. 9 Est.

178 Portraits, par *L. Valperga*, *Ficquet*, *Marais*, *Henriquez*, *Beisson*, *Clemens*, MM.[lles] *Audouin*, *Bourgeois*, *Bretonnier*, *P. Caronni*, *Dien*, *Forster*, *J.-N. Laugier*, *Pigeot*, etc. 23 Est. 2 Lots.

179 Portraits, par des Graveurs anciens et modernes. 49 Est. 2 Lots.

FIGURES ET VIGNETTES.

180 Figures pour la Lusiade, poëme du Camoens (1),

(1) Os Lusiadas, poema epico de Luis Camoes, nova ediçao cor-

12 p. in-4.° : le Portrait d'après M.r Gérard ; les Figures d'après M.r Desenne et M.r Fragonard, sous la direction de M.r Gérard ; par MM.rs *Bovinet, Forsell, Forster, Laurent, Lignon, U. Massard, feu Oortman, Pigeot, Richomme* et *Toschi* ;

SAVOIR :

1 Le Camoens vu à mi-corps, F. Gérard del.t Effig ; la bordure, L. Visconti del.t pluteum. *F. Lignon*, Sculp.t

2 Gruta de Camoes em Macao (1). Desenne del.t, *Forsell*, Sculp.t ; dans la marge, 2 vers : *Vereis amor da patria nao movido*.... Canto i. Est. 10.

3 Consilho dos Deoses. Desenne del.t, *R. U. Massard*, Sculp.t ; dans la marge, 4 vers : *Suistentava contra elle Venus bella*..... Canto i. Est. 33.

4 Visita do Rei de Melinde a Gama. Fragonard delin.t, *Oortman*, Sculp.t ; dans la marge, 2 vers : *Já no batel entrou do Capitao*.....Canto ii. Est. 101.

5 Assassinio de Ignes de Castro. Desenne del.t, *Henri Laurent*, Sculp.t, 1816 ; dans la marge, 4 vers : *Tu Só, tu puro Amor, Com força crua*.... Canto iii. Est. 119.

6 Sonho d'ElRei D. Manoel, No qual lhe apparecem os rios Indo e Ganges. Desenne del.t, *F. Lignon*, Sculp.t ; dans la marge, 4 vers : *O' tu, á cujos Reinos e Corôa*..... Canto iv. Est. 73.

7 Apparição do gigante Adamastor na passagem do Cabo de B. Esperança. Fragonard del.t, *Bovinet*, Sculp.t ;

---

recta, e dada á Luz, Por Dom Joze Maria de Souza-botelho, Morgado de Matteus, Socio da Academia Real das Sciencias de Lisboa. Paris, na officina Typographica de Firmin Didot, impressor do Rei, e do Instituto, m dccc xviii.

(1) A cette p. et aux dix suivantes, à droite, dans la marge du bas, *Gérard direx.t*

dans la marge, 3 vers: *Mais hia por diante o monstro horrendo*..... Canto v. Est. 49.

8 Venus aplaca os Ventos e a tormenta. Fragonard del.t, *Pigeot*, Sculp.t; dans la marge, 4 vers: *Abrandar determina por amores*.... Canto vi. Est. 87.

9 Desembarque de Gama em Calecut. Fragonard del.t, *Toschi*, Sculp.t; dans la marge, 4 vers: *Ne praia hum regedor do Reino estava*,.... Canto vii. Est. 44.

10 Segunda Audiencia do Samorim a Gama. Fragonard del.t, *Forster*, Sculp.t; dans la marge, 4 vers: *O grande Capitao Chamar. mandava*; ..... Canto viii. Est. 60.

11 Ilha de Venus. Desenne del.t, *Richomme*, Sculp.t, 1816; dans la marge, 4 vers: *Desta arte em fim conformes Já as formosas*.... Canto ix. Est. 84.

12 Audiencia d'ElRei D. Manoel a Gama. Fragonard delin.t, *Oortman*, Sculp.t; dans la marge, 3 vers: *E. a sua Patria, e Rei temido e amado*,.... Canto x. Est. 144.

Epreuves avant la lettre (titre et vers), seul.t les noms d'Auteurs, et aux 11 fig. les mots Gérard direx.t; Exempl. pap. de soie.

181 Figures pour l'Iconographie, Bustes antiques, Médailles, etc., par *Corot*, *Lohié*, *Raber*, MM.rs *Chollet*, *Coiny*, *Esquivel*, *Garnier*, *Isac*, *Kaiser*, *Lorichon*, *Felix Massard*, *Migneret*, *Mougeot*, *Outhine*, *Testard*, *Toschi* et autres. 26 Est.

182 Figures pour l'Histoire de France; 26 p. d'après Cochin; — autres pour les OEuvres de J.-Jac. Rousseau, Edit. in-4.o publiée à Genève; 35 p. d'après Moreau et M.r Le Barbier. 61 Est.

183 Vignettes de différentes Suites: elles sont de *Bartolozzi*, *Guttenberg*, *N. Delaunay*, *Duclos*, *Fr. Godefroy*, M.r *Roger* et autres. 42 Est.

184 Estampes et Etudes de Graveurs modernes; Epr. répétées. 3 Lots.

RECUEILS DIVERS, ETC.

185 *Raccolta di alcuni disegni del Guercino*, etc., par *Piranesi* et autres, 20 p. in-fol. en feuilles.

186 Paysages inventés et gravés à l'eau-forte, par *F.-A.* Milatz. Cah. do, 12 p., in-8.° obl.

187 La petite Galerie du Louvre, du Dessin de Le Brun, gravée à l'eau-forte par S.t-André. Paris 1695, in-fol. en feuilles, 42 p. sous 41 n.os compris le Titre.

188 Recueil de Pièces à l'eau-forte, d'après des dessins du Cabinet Basan père, in-fol. en feuilles.

189 Antiquités d'Herculanum, par *Th. Piroli*, Peintures, Bronzes, Lampes et Candelabres. Paris, 1804-1806. 6 vol. in-4.° cart. fig.

190 *Delle magnificenze di Roma Antica e Moderna da Gius. Vasi. Roma*, 1747—56, 2 vol., petit in-fol. obl. v. brun, fig.

191 *Admiranda Romanarum.....*, par *P. S. Bartolo*, in-fol. obl. v. brun, fig. en 80 Pl., compris 1 de Tit. et 1 de Déd.

192 *Il Tempio Vaticano e sua origine. Roma*, 1694, in-fol. v. brun. fig.

193 Recueil et Parallèle des Edifices de tout genre, anciens et modernes, par *J.-N.-L. Durand*, architecte. Paris, an IX, gr. Atlas obl. en feuilles, fig. au trait, 90 Pl. compris 1 de Tit. et 1 de Table.

194 Précis des leçons d'architecture données à l'Ecole Polytechnique par *J.-N.-L. Durand*. Paris, 1817, 2 vol. in-4.° brochés; — Choix des projets d'Edifices publics et particuliers, par des Elèves de l'Ecole

Polytechnique, in-fol. en feuilles, fig. au trait, 30 Pl.; — Projets de reconstruction de la salle de l'Odéon, par *Peyre* fils. Paris, 1819, in-fol. en feuilles, fig.

195 Ordonnance des cinq espèces de colonnes, par *Perrault*. Paris, 1683, petit in-fol. v. brun. fig.

196 Anatomie du Gladiateur combattant, par *Jean-Galbert Salvage*. Paris, 1812, in-fol. en feuilles, fig. en 21 Pl. compris le frontispice, Exempl. pap. colombier.

Nota. Manquent les Pl. n.os 1, 2 et 3.

197 Anatomie du Gladiateur combattant : les 4 prem. livr. des fig. de cet ouvrage, in-fol. pap. vélin.

198 Etudes d'anatomie, par C. Monnet et Demarteau, in-4.o en 37 Pl. Exempl. en feuilles.

199 Recueil de Lions, par *Bernard Picart*, sur ses Dessins et d'après ceux de différens Maitres, divisés en six livres. Amsterdam, 1729, fig. en 43 Pl. in-4.o, obl. br.

200 Etudes et Paysages, dessinées et gravées par *Vict. Pillement* fils. Paris, 1811, 2 livr. in-fol. br.

LIVRES SUR LES ARTS.

201 Histoire de l'Art, par *J. Winckelman*. Paris, 1766, 2 vol. in-8.o; — Dictionnaire de Peinture, Sculpture et Gravure, par *A.-Jos. Perneti*. Paris, 1781, 2 vol in-12; — Essai sur la Peinture, par *Algarotti*. Paris, 1769, vol. in-12 : ces 5 vol. reliés.

202 Observations sur quelques grands Peintres, par *Taillasson*. Paris, 1807; — l'Art du Dessin chez les

Grecs, par *Brunel de Varennes*. Paris, 1816; — sur la Situation des Beaux-Arts en France, par *T.-C. Bruun Neergaard*. Paris, 1801; — et Discours historique sur la Gravure, par M.r *T.-B. Emeric-David*. Paris, 1800: ces 4 vol. in-8.o brochés.

203 Dictionnaire des Graveurs anciens et modernes, depuis l'origine de la Gravure, par *F. Basan*. Paris, 1789, 2 vol. in-8.o broch. fig.

PLANCHES GRAVEÉS.

204 L'Enlèvement de Déjanire, d'après Guido Reni; — l'Education d'Achille, d'après J.-B. Regnault: Ces deux Pl. gravées par feu M.r *Bervic*. Grandeur de chaque cuivre: H. 21 p. 6 l. L. 15 p. 9 l.; et des deux dites Pl., 119 Epr.

205 Louis Seize, Portrait en pied, d'après Callet, par feu M.r *Bervic*. Grandeur du cuivre: H. 26 p. 4 l. L. 19 p. 6 l.; et 2 Epr. de l'état actuel de la Pl.

Nota. Cette Pl. a été coupée en deux: on en a rapproché et soudé les deux morceaux ensemble.

206 Vénus et Adonis, d'après l'Albane, Pl. gravée par M.r *Paolo Toschi*, sous la direction de feu M.r Bervic; elle est exécutée sur le Dessin fait par M.r Bouillon, d'après le Tableau de l'Albane, au Musée Royal. Grandeur de la Composition: H. 15 p. 7 l. L. 22 p. 3 l.; grandeur du cuivre: H. 18 p. 9 l. L. 23 p. 8 l.; et 2 Epr. de l'état actuel de cette Pl.

Nota. On joint à cet article 2 Dessins: l'un, celui de M.r *Bouillon*; l'autre, une Etude faite par M.r *Carle Vernet*, pour le levrier qu'Adonis retient avec une laisse.

DESSINS.

207* La Guérison d'un Possédé, Sujet composé de huit figures dans un rond : Dessin touché avec sentiment à l'encre, rehaussé de blanc, légèrement colorié, par *Pierre Breughel*, et retouché par *P.-P. Rubens*. Diamètre : 8 p. Ce Morceau provient du Cabinet de P.-F. Basan, n.° 29 de notre Catalogue (*).

208* Femme enlevée par des Guerriers ; ce Dessin de *Van Battem*, est exécuté à l'encre, rehaussé de blanc sur papier bleu : H. 6 p. 4 l. L. 8 p. 2 l. Cab. Basan, n.° 25 de notre Catal.

209 Intérieur de Forêt, et Village, à l'instant de la Vendange : Dessins par *Jac. Foucquier*. L'un colorié ; l'autre lavé à l'encre : H. 6 p. 8 l. à 10 p. 3 l. L. 8 p. 6 l. à 9 p. 8 l. ; — Paysage vu au clair de lune : Dessin au crayons noir et blanc, sur pap. bleu, par M.r *Alex. Moitte* : H. 7 p. 4 l. L. 9 p. En tout, 3 Dessins.

210 Bustes, Croquis et Etudes, par *Agos. Tofanelli*, *F.-A. Vincent*, et M.r *P.-Alex. Wille* ; et Figures académiques, par *Jac. Dumont le Romain*, *N.-B. Lépicié*, *J.-Ben. Suvée*, et autres. En tout, 30 Dessins et Contre-Epreuves.

211 Table à graver, Cuivres neufs, Cartons de pâte, Porte-Feuilles, Bordures et Passe-Partout, la plupart avec verre : ces objets seront divisés sous ce Numéro.

(*) Catalogue raisonné du Cab. de P.-Fr. Basan père, vol. in-8.° Paris, an VI-1798.

FIN.

www.ingramcontent.com/pod-product-compliance
Ingram Content Group UK Ltd.
Pitfield, Milton Keynes, MK11 3LW, UK
UKHW020348220726
13923UKWH00004B/1585

9 782329 060248